Anna Moon

Saigon

Eine Reise durch eine erstrahlende Stadt

Inhaltsverzeichnis

CHINA
CHINA
LAOS
THAILAND
CAMBODIA
VIETNAM
Ha Giang
Cao Bang
Lao Cai
Bac Kan
Dien Bien Phu
Son La
HANOI
Haiphong
Cai Bau
Ninh Binh
Bach Long Vi
Thanh Hoa
Hainan
Vinh
Song Ca
Gulf of Tonkin
VIENTIANE
Ha Tinh
Nam Ngum Reservoir
Dong Hoi
SOUTH CHINA SEA
Dong Ha
Hue
Da Nang
Cu Lao Cham
Tam Ky
Cu Lao Re
Quang Ngai
Pleiku
Quy Nhon
BANGKOK
Tuy Hoa
Buon Ma Thuot
Nha Trang
Tonle Sap
Cam Ranh
Phang Rang-Thap Cham
PHNOM PENH
Bien Hoa
Phan Thiet
Ho Chi Minh City
Cu Lao Thu
Vung Tau
Gulf of Thailand
Phu Quoc
Rach Gia
Can Tho
SOUTH CHINA SEA
Ca Mau
Bac Lieu
Con Dao
0 50 100 km
0 50 100 mi

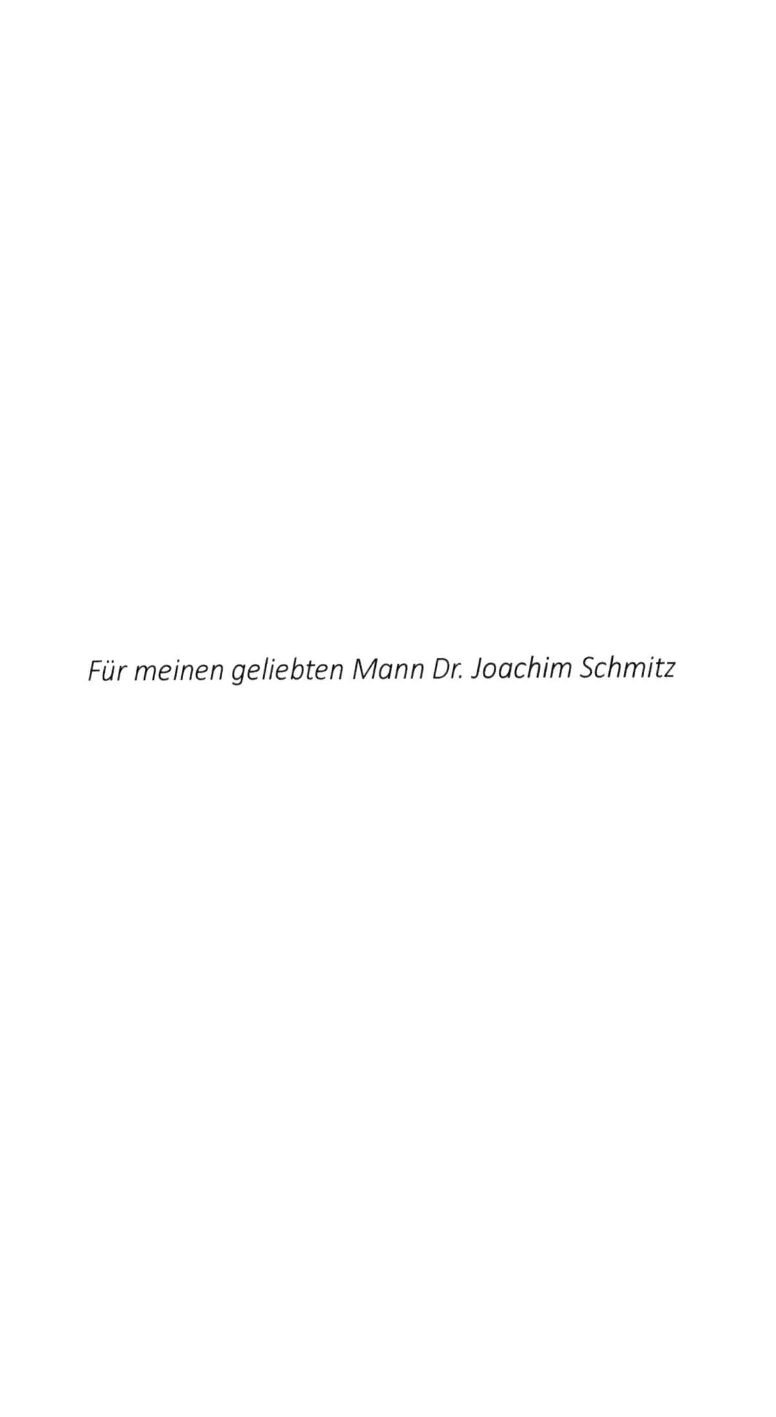

Für meinen geliebten Mann Dr. Joachim Schmitz

Kapitel 1

Saigon – Wissenswertes aus einer faszinierenden Großstadt

Saigon beschreiben – geht das überhaupt? Und wo soll man bei einer gleichermaßen außergewöhnlichen wie liebenswerten Metropole wie Saigon anfangen? Vielleicht bei den Besonderheiten der geografischen Lage oder bei der grandiosen Natur? Oder vielleicht doch beim Klima, das ebenso speziell ist, wie es die ganze Stadt und die Umgebung sind? So oder so wird man – mit jeder weiteren Information über Saigon – mehr und mehr eingenommen von der faszinierenden Schönheit dieser umtriebigen Stadt im Süden Vietnams. Also kommen alle Themen zum Zuge.

Saigon – Metropole am südchinesischen Meer

Eine wesentliche Bedeutung für Saigon hat die direkte Lage am gleichnamigen Fluss. Der Saigon hat seinen Ursprung im benachbarten Kambodscha und mündet nach 225 Kilometern südöstlich der größten Stadt Vietnams in den Dong Nai. Dazwischen bildet der Fluss so etwas wie eine Hauptverkehrsader. Er führt vorbei an urtümlichen Dörfern im vietnamesischen Hinterland und lässt auf seinem Weg durch Saigon den einen oder anderen modernen Wolkenkratzer beiderseits liegen.

Eine Reise auf diesem Fluss ist beeindruckend. Denn dabei bekommt man Einblick in ein gewaltiges Flussdelta. Dominiert wird diese Ansammlung von Wasserwegen vom mächtigen Mekong, dem größten Fluss des Landes. Aber gleich daneben verläuft auch der Dong Nai, mit Wasser versorgt vom Saigon. Es gibt auf dieser Welt nicht viele vergleichbare Flussmündungen und Deltagebiete, die den Betrachter ähnlich spektakulär in ihren Bann ziehen.

Aber Saigon bietet viel mehr als nur die Lage am Fluss. Das Meer ist nah, im Osten ist es das südchinesische, im Westen der Golf von Thailand. Und als wäre das noch nicht genug der Internationalität, liegt die Hauptstadt Kambodschas, Phnom Penh, gerade einmal 200 Straßenkilometer oder eine dreiviertelstündige Flugreise entfernt. Dass eine solche geografische Lage unterschiedliche kulturelle und ethnische Besonderheiten gedeihen lässt, ist nicht verwunderlich. Denn Saigon ist in hohem Maße eine internationale und interkulturelle Metropole. Hier treffen viele Ethnien aufeinander, und die Einflüsse der europäischen Kolonialzeit sowie der amerikanischen Besatzungszeit haben ebenfalls ihre Marken gesetzt.

Wo Wasser und Feuchtigkeit ist, beherrscht üppige Flora die Umgebung. So ist die Pflanzenwelt um Saigon herum grün, vielfältig und variantenreich. Der Besucher, der nach Saigon kommt, mag sich darüber vorab informiert haben. Aber die Theorie aus Büchern oder Filmen ersetzt nicht den atemberaubenden Eindruck der Wirklichkeit. Man ist schlichtweg fasziniert von so viel Vegetation.

Das Fazit über den Anblick der Stadt Saigon, eingebettet in ihre Umgebung: beeindruckende Vielfalt, Augenschmaus für Ästhetiker und einzigartige landschaftliche Formationen.

Das Klima – tropisch, warm und verlässlich

Der Süden Vietnams und damit auch die Stadt Saigon liegen in den Tropen. Das bedeutet, es ist ganzjährig warm. Die Temperaturen betragen über das Jahr verteilt zwischen 23 und 35 Grad. Sehr heiße Temperaturen, wie man sie in subtropischen Wüstengebieten erlebt, herrschen hier nicht. Dafür findet man sich oft in feuchter Luft und auch feuchter Umgebung wieder. Der Februar macht einen kleinen Ausreißer nach unten. Das holen die Regenmonate von Mai bis Oktober aber wieder auf. In dieser Zeit bedeutet Regen bisweilen heftigen Niederschlag. So mächtig, dass das Wasser nicht mehr geregelt abfließen kann und sich auch größere Überschwemmungen bilden können. Wer diese starken Regengüsse einmal erlebt hat, erinnert sich sicher auch an die angenehmen Gerüche, die die durchnässte und gereinigte Luft mitbringt. Sie riecht nach dem sprießenden Grün der Vegetation. Wer sich direkt hineinstellt in den sommerlich warmen Regen, verschafft sich ein Vergnügen für die Sinne. Besonders die Haut weiß es zu schätzen.

Die Vietnamesen haben sich natürlich darauf eingestellt. Sie wissen ja auch, dass nach jeder Regenzeit die relativ trockenen und regenarmen Monate von Dezember bis April folgen. Darauf kann man sich verlassen, und deshalb versöhnt man sich schnell mit dem Nass von oben, wenn es einem einmal zu viel erscheint. In Saigon weiß man, dass die Dinge immer im Fluss sind, und dazu gehören die Jahreszeiten.

Da stellt sich doch gleich die Frage nach der besten Reisezeit. Gibt es sie überhaupt? Zumindest erlebt man in Saigon alle Temperaturen außer kalten.

Wer es durchgehend warm möchte, ist hier immer gut aufgehoben. Es entscheidet jeder selbst, was die beste Reisezeit für ihn ist. Viele Menschen brauchen die Entscheidung allerdings gar nicht mehr zu treffen. Sie haben sich in Saigon angesiedelt, darunter viele Europäer. Dort fühlen sie sich genauso wohl wie die vietnamesische Bevölkerung.

Eine Metropole, umgeben von Natur

Acht Millionen Menschen und Natur – ein unerfüllbarer Gegensatz? Das muss nicht sein. Saigon ist das lebendige Beispiel dafür. Parks mit exotischer Vegetation und grüne Oasen bieten Refugien für gestresste Großstadtbewohner, die hier die verdiente Ruhe finden vor dem hektischen Treiben einer Millionenstadt.

Jung und Alt übt sich hier in den auch von vielen Europäern geschätzten Praktiken Tai Chi und Yoga. Beiden liegt das fernöstliche Denken von Ganzheitlichkeit und Gelassenheit zugrunde. Geübt wird nicht nur in geschlossenen Räumen, sondern gern und oft auch in der Öffentlichkeit des wunderschönen Tao Dan Parks. Touristen reihen sich immer wieder ein und sind durch ihre nicht so fließenden Bewegungen schnell erkennbar. Aber hier, in der friedlichen Großstadt-Natur Saigons, stört das niemanden. Im Gegenteil, jeder gehört dazu. Auch das ist Teil der Philosophie der Vietnamesen.

Im Zoo und Botanischen Garten Saigons, einem der ältesten Tierparks der Welt, haben über hundert Tier- und knapp dreihundert Pflanzenarten ihre Heimat gefunden. Viele davon sind gefährdet und befinden sich hier in der Sicherheit, die ihnen das Überleben garantiert. Der Garten ist ein grandioses Beispiel für menschliche Bemühungen, Natur zu bewahren.

Die ausgedehnte Deltalandschaft und unzählige Naturschutzgebiete in der Umgebung Saigons sind eine schöne und sehr nachhaltige Basis für den Erhalt der Natur in Vietnam. Einer Natur, die unter vielen Kriegen in der Vergangenheit gelitten und sich doch jedes Mal wieder zurückgeholt hat, was ihr gehört und was sie ausmacht. In und um Saigon wird sie von den Einwohnern geschätzt und behütet. So funktioniert das Zusammenspiel von Natur und Mensch in einzigartiger Weise. Betont wird dieses Phänomen noch durch den Fluss Saigon, dessen Bett sich durch die Stadt schlängelt und dessen Ufer einen herrlichen Blick auf dieses vietnamesische Stückchen Erde gewähren.

Kapitel 2

Saigon und seine Bevölkerung

Wie sind die Einwohner von Saigon zu beschreiben? Was kennzeichnet sie?

Je nachdem, wem man diese Fragen stellt, wird man unterschiedliche Antworten bekommen. Der Städteplaner antwortet eventuell mit einer Statistik und weist darauf hin, dass in Stadt und Region etwa 11 bis 13 Millionen Menschen leben. So genau weiß man das nicht. Ein Sozialwissenschaftler erkennt dagegen eher die unglaublich vielfältigen ethnischen und kulturellen Einflüsse von verschiedenen Volksgruppen. Jede einzelne hat in Vietnam ihre Prägung hinterlassen.

Fragt man dagegen Touristen oder Personen, die geschäftlich in Saigon waren, sieht die Antwort wieder ganz anders aus: Höflich und hilfsbereit seien die Einwohner Saigons, meist lächelnd, freundlich und sogar regelrecht liebenswürdig. Ja, man muss Saigon und die Menschen, die dort leben, einfach mögen. Und tatsächlich kann das jeder, der Saigon schon einmal besucht hat, bestätigen.

Die sprichwörtliche Geduld der Südostasiaten, die Leichtigkeit des Seins und die positive Einstellung zum Leben – das spüren die Besucher, die hierher kommen, weil diese Grundhaltung allgegenwärtig ist.

„Laissez-faire, laissez-aller" – einfach laufen lassen und genießen. Diese tolerante und stressbefreite Einstellung wird den Franzosen nachgesagt. Hier in Saigon findet man sie auf alle Fälle. Betrachtet man dazu noch die französische Architektur, die einige Teile Saigons prägt, kann man den ungezwungenen Lebensstil besonders gut nachempfinden. Man weiß, warum die Stadt den liebevoll gemeinten Kosename „Paris des Ostens" erhielt. Die Franzosen waren hier lange genug Kolonialmacht und hinterließen eine Menge Einflüsse. Allerdings darf man diese nicht überbewerten, weil sich die Einwohner der quirligen Metropole ihre eigenen Wurzeln immer bewahrt haben. Letztlich ist die europäische Prägung durch den Kolonialismus zusammen mit dem US-amerikanischen Einfluss durch den Vietnamkrieg nur eine Zutat im Gesamtrezept der vietnamesischen Lebenskultur.

Der in Vietnam geborene Autor und Schriftsteller Viet Thanh Nguyen hat in seinem Roman „The

Sympathizer", der 2015 erschienen ist, die Vietnamesen als die „Italiener Asiens" bezeichnet. Für dieses Buch wurde er mit dem Pulitzer Preis ausgezeichnet. Man kann seinem Urteil also vertrauen.

Man muss die Vietnamesen und ganz besonders die Einwohner Saigons mit niemandem vergleichen. Sie sind, wie sie sind, und das ist in jedem Fall einmalig. Wer sich vor Ort ein eigenes Bild von dem ganz besonderen Menschenschlag machen will und einige Zeit dort verbringt, wird positiv überrascht sein – wenn nicht begeistert!

Die Ethnien Vietnams und Saigons

Menschen sind schon immer gewandert, um sich neue Siedlungsgebiete zu erschließen. Oder sie haben durch Eroberungen und kriegerische Auseinandersetzungen neue Gebiete vereinnahmt und ihre eigene Kultur dann mit eingebracht. Das war auch im Süden Vietnams nicht anders. In der Region um Saigon spielt außerdem noch die Nähe des Meeres und des Mekong-Deltas eine Rolle.

Der Süden Vietnams gehörte früher zu den kambodschanischen Khmer und außerdem hatten auch die Chinesen noch ihre Hände im Spiel. Da kommen für ein solch relativ überschaubares Gebiet viele Einflüsse zusammen. So mag es auch nicht verwundern, dass offiziell über 50 ethnische Minderheiten in Vietnam vom Staat anerkannt sind. Allerdings haben einige nur wenige hundert Angehörige im Land. Andererseits reicht das aus, um eine unglaubliche Vielfalt an unterschiedlichen Sprachen, Geschichten, Kulturen, Sitten und Gebräuchen unter einem Dach, dem Land Vietnam, zu beherbergen.

Spätestens mit der Kolonialisierung gewannen die Europäer an Einfluss, und ganz besonders Frankreich. Die Franzosen bestimmten seit Mitte des 19. Jahrhunderts die Geschicke in Vietnam, mussten im zweiten Weltkrieg den Japanern Platz machen und wurden schließlich mithilfe der Amerikaner wieder eingesetzt. Viele Jahrzehnte hinterlassen Spuren, die sich deutlich zeigen, vor allem in zahlreichen Bauwerken Saigons.

Das Hin und Her der Besatzungen hatte furchtbare Auswirkungen auf die Bevölkerung, unter der sich Armut immer weiter ausbreitete, was schließlich zu verheerenden Hungersnöten führte. Den unrühmlichen Gipfel des Eingreifens von außen verursachten schließlich die Amerikaner mit dem Vietnam-krieg. Dass Spuren zurückblieben, war nicht zu vermeiden.

Das Land hat es jedoch geschafft, diese Kriege zu verarbeiten. Für die Vietnamesen gehören sie zur Vergangenheit. Dabei hilft ihnen eine ihrer grundlegenden Eigenschaften – sie sind nicht nachtragend. „Vorbei ist vorbei, lass uns das Heute genießen" – mit dieser Aussage könnte man die Einstellung der dortigen Menschen zusammenfassen.

So also haben sich die Vietnamesen ihre ausgeprägte Offenheit und ihre großartige Freundlichkeit gegenüber Fremden bewahrt. Eine Haltung, von der die Europäer sich ein wenig abschauen könnten.

Bräuche und Traditionen

„Andere Länder, andere Sitten" lautet ein Sprichwort. Das trifft auch für Saigon zu, wenn man es aus europäischer Sicht betrachtet.

Saigon ist eine Weltstadt – umtriebig, bisweilen laut, geschäftig und voll mit Menschen aus der ganzen Welt. Darunter sind Tausende von Touristen und

Geschäftsleuten, die sich den Zauber dieser Metropole erschließen möchten. Sie treffen auf Einwohner, die weltoffen und sehr freundlich sind, aber auch stolz auf ihre Sitten und Bräuche. Das zeigt sich auch im menschlichen Umgang miteinander.

Willkommen im Land des Lächelns – Dos and Don´ts

Über ein „Land des Lächelns" wurde schon einmal eine Operette geschrieben. Schöpfer war der österreichische Komponist Franz Lehár und gemeint hatte er mit dieser Bezeichnung ursprünglich das Riesenreich China. Inzwischen hält man die Bezeichnung auch bei Japan und Thailand für zutreffend. Schaut man genauer hin, so findet man die freundliche Geste des Lächelns bei allen Menschen in Ost- und Südostasien. Und damit auch in Vietnam. Es ist dort eine der wichtigsten Grundhaltungen im gegenseitigen Umgang, ein freundliches Gesicht zu zeigen. Wie könnte man das besser machen als mit einem Lächeln!

Jeder, der einmal Kontakt zu einem Vietnamesen hatte, kennt es und weiß, dass es ehrlich gemeint ist. Es zeigt Wertschätzung, und deshalb ist das

Zurücklächeln so wichtig, denn es zeugt von der gleichen Haltung. Beiderseitiges Lächeln bildet die Basis für das weitere Gespräch. Sei es ein Smalltalk über die zahlreichen Erlebnisse im Land, ein Gespräch über die Restaurants mit ihren vielfältigen Angeboten oder ein Austausch über die kulturellen Schätze. Allein über die zahlreichen Sehenswürdigkeiten kann man stundenlang reden.

Neben ihrer offenen und freundlichen Art gibt es eine weitere Grundhaltung der Vietnamesen. Höflichkeit steht an erster Stelle im Umgang miteinander. Die Stimme erheben, die Stirn in zornige Falten legen und wütend die Gesichtsfarbe wechseln – das alles ist verpönt. Aber auch widersprechen und sogar jemanden kritisieren in Anwesenheit von anderen sollte man unterlassen. Man selbst verliert sein Gesicht dabei, und ebenso geht es dem Gegenüber. Unbeherrschtheit gilt als grober Fauxpas. Verbale Angriffe sind fehl am Platz und auch Diskussionen sind am besten zu vermeiden. Regt man sich über etwas auf, so sollte man es ganz in Ruhe und sachlich direkt mit der betroffenen Person besprechen.

Hierzulande und in vielen westlich orientierten Gesellschaften gilt es als selbstbewusst, im Gespräch dem Gegenüber fest in die Augen zu schauen. In Vietnam gilt es dagegen als aggressiv. Demut ist angesagt und wird im sozialen Umgang viel höher bewertet als ein zur Schau getragenes vermeintliches Selbstbewusstsein. Denn zur Demut gehört innere Stärke – ein Gedanke, den ein westlich geprägter Mensch so nicht kennt, aber zumindest in sich reifen lassen könnte.

Auf Unverständnis stößt der westliche Besucher auch in anderen Zusammenhängen. Dazu gehört unangepasste Kleidung. Bikinis sind am Badestrand nicht gern gesehen, während T-Shirts akzeptiert werden. Ebenso sollte das Dekolleté bei den Damen bedeckt bleiben. Zurückhaltung ist auch angebracht, wenn man sich mit seinem Partner in der Öffentlichkeit aufhält. Küsschen, und sei es nur auf die Wange, gelten als unangemessenes Verhalten. Dies ist eine sittliche Vorstellung, die sich die Einheimischen ganz sicher nicht von den Franzosen abgeschaut haben. Deren Wangenküsschen bei der Begrüßungszeremonie haben sich hier nie etabliert.

Eine riesige Fettnapf-Falle findet man auch beim Umgang mit fremden Kindern. Man mag die Kleinen als noch so süß empfinden – den Kopf eines

Kindes zu tätscheln kann auf einen Vietnamesen sehr verstörend wirken. Der Kopf gilt in Vietnam insgesamt als edler Teil des Körpers und sollte bei einer fremden Person grundsätzlich für Berührungen tabu sein. Im Glauben mancher Ethnien bedeutet es sogar, dass die Seele des Kindes dadurch geraubt wird.

Tritt man einmal in einen Fettnapf, wird kein Vietnamese aggressiv werden. Achtet man jedoch auf die Feinheiten, so erntet man Respekt und Anerkennung. Und man gewinnt echte vietnamesische Freunde – was für ein schöner Gedanke!

Die vietnamesische Gastlichkeit

Wer schon einmal in einem vietnamesischen Restaurant in Deutschland war, hat bereits einen kleinen Eindruck davon bekommen, was Gastlichkeit für einen Vietnamesen bedeutet. Es ist für diese Menschen eine besondere Ehre, freundlich und zuvorkommend zu sein und ihre Gastlichkeit zu zeigen.

Das erlebt man auch, wenn man die wunderbare Chance bekommt, einmal von einer vietnamesischen Familie in deren Haus zum Essen eingeladen zu werden.

„Xin Chao" bedeutet Guten Tag und wird gesprochen wie „Sin Tschau". Damit begrüßt man sich förmlich in Vietnam. Man umfasst dabei mit beiden Händen die rechte Hand der angesprochenen Person. Sieht man sich mehreren Personen gegenüber, wendet man sich zuerst derjenigen zu, die als die älteste erscheint. Natürlich kann man sich damit schon einmal irren. Auch das wird verziehen, und das Lächeln, das man zur Begrüßung erwidert, besänftigt die vietnamesischen Gegenüber in jedem Fall.

Damit hat man die erste Hürde geschafft. Betritt man das Haus, ist es üblich, die Schuhe auszuziehen. In vielen Fällen werden Flip-Flops zur Verfügung gestellt – oder man läuft barfuß durch das Haus.

Wie steht es mit dem Mitbringen von Geschenken? Auch darin herrschen östliche Sitten, die sich von europäischen unterscheiden. Von Dingen wie Seife oder Parfüm sollte man Abstand nehmen, denn eventuell verbindet der Gastgeber das mit einer ungewollten Botschaft. Was von Europäern als duftende Essenzen wahrgenommen wird, könnte als Fingerzeig für bessere Hygiene missverstanden werden. Solche indirekten Botschaften können auch in anderen Dingen verborgen liegen. Andererseits wissen natürlich auch die Gastgeber, dass ein Fremder nicht mit allen Bräuchen vertraut sein kann. Schleicht sich das Gefühl ein, dass man daneben liegt, bleibt immer noch die Kommunikation, also das Gespräch – begleitet von einem freundlichen Lächeln.

Mit einem netten Geschenk, das typisch für die eigene Heimat ist, können Europäer kaum etwas falsch machen. Im Idealfall sollte es aber keine kopierte asiatische Billigproduktion sein. Die Vietnamesen wissen, was hochwertig ist. Die Verpackung sollte liebevoll sein, denn auch sie ist ein Zeichen von Wertschätzung.

Achtung: Höchstwahrscheinlich wird der Beschenkte das Geschenk nicht gleich öffnen. Das macht die Person meist in Ruhe und ganz für sich allein. Wenn das Geschenk also erst einmal auf den Tisch oder in das Nebenzimmer wandert, bedeutet das kein Desinteresse.

Ansonsten sind Besucher Gäste im Haus, die sich wohlfühlen sollen. Sie können es sich gemütlich machen, während die Gastgeber alles vorbereiten. Sie sollen nicht helfen – weder den Tisch decken noch das Essen auf den Tisch stellen. Das selbst zu tun, ist den Gastgebern eine Ehre.

Beim Essen sollten die Gäste unbedenklich nachfassen, bis tatsächlich nichts mehr geht. Auch das wird als Wertschätzung gedeutet. Denn offenbar scheint ja das zu schmecken, was die Gastgeber aufgetischt haben. Das wird gerne als nicht ausgesprochenes Lob anerkannt. Es lohnt sich im Übrigen auch. Die Vielfältigkeit der vietnamesischen Küche lässt nichts zu wünschen übrig.

Interessante Fakten und Informationen über Saigon als Reiseland:

1. Offizieller Name: Der offizielle Name der Stadt ist seit 1976 Ho-Chi-Minh-Stadt, aber viele Einheimische und Touristen verwenden weiterhin den historischen Namen Saigon.

2. Bevölkerung: Saigon ist die größte Stadt Vietnams und beherbergt mehr als 8 Millionen Menschen. Die Bevölkerung ist äußerst vielfältig und umfasst Menschen aus verschiedenen ethnischen Gruppen und Kulturen.

3. Geschichte: Saigon hat eine reiche Geschichte, die bis ins 17. Jahrhundert zurückreicht. Die Stadt spielte eine bedeutende Rolle im Vietnamkrieg und war bis 1975 die Hauptstadt der Republik Vietnam.

4. Klima: Saigon hat ein tropisches Klima mit hohen Temperaturen und hoher Luftfeuchtigkeit das ganze Jahr über. Die beste Reisezeit ist von November bis April, wenn das Wetter trockener und angenehmer ist.

5. Verkehr: Der Verkehr in Saigon kann chaotisch sein, mit einer Vielzahl von Motorrädern, Autos, Fahrrädern und Fußgängern, die sich durch die Straßen drängen. Das Motorrad ist das Hauptverkehrsmittel der Stadt.

6. Sehenswürdigkeiten: Zu den beliebten Sehenswürdigkeiten in Saigon gehören der Wiedervereinigungspalast, die Notre-Dame-Kathedrale, das Opernhaus von Saigon und der Ben-Thanh-Markt.

7. Kulinarische Szene: Saigon ist bekannt für seine köstliche vietnamesische Küche, die von pho (Nudelsuppe) und banh mi (Sandwiches) bis hin zu frischen Meeresfrüchten und exotischen Früchten reicht.

8. Kulturelle Veranstaltungen: Die Stadt ist Gastgeber für eine Vielzahl von kulturellen Veranstaltungen und Festivals, darunter das Tet-Fest (Vietnamesisches Neujahr) und das Mid-Autumn Festival.

9. Einkaufsmöglichkeiten: Saigon bietet eine Fülle von Einkaufsmöglichkeiten, von modernen Einkaufszentren bis hin zu traditionellen Märkten,

auf denen Besucher lokale Waren und Souvenirs kaufen können.

10. Freizeitaktivitäten: Neben Sightseeing und Einkaufen gibt es in Saigon eine Vielzahl von Freizeitaktivitäten, darunter Bootsfahrten auf dem Saigon-Fluss, Spaziergänge im Tao-Dan-Park und Besuche in Museen und Kunstgalerien.

Saigon bietet Besuchern eine faszinierende Mischung aus Geschichte, Kultur, Küche und modernem Leben, die es zu einem aufregenden Reiseziel macht.

Kapitel 3

Kultur und Religion in Vietnam

Dass das Land ethnisch so variantenreich ist, spiegelt sich auch in der Kultur wider.

Einen erheblichen Einfluss bei der kulturellen Prägung in Vietnam hat China hinterlassen. Denn immerhin war Vietnam eintausend Jahre lang eine chinesische Provinz, bis es dann Ende des 18. Jahrhunderts von Frankreich kolonialisiert wurde. Prompt kamen damit europäische Einflüsse ins Land. Doch damit nicht genug der äußeren Einflüsse – im Anschluss nisteten sich die Amerikaner ein.

Man kann sich gut vorstellen, dass all das Spuren in der vietnamesischen Gesellschaft und Kultur hinterlassen hat. Ganz besonders machen sie sich im Süden des Landes und in Saigon bemerkbar. Die facettenreiche Kultur beinhaltet eine Fülle von archaischen Bestandteilen und Elementen, zeigt aber auch Einflüsse der Moderne.

Die vietnamesische Literatur

Die chinesische Prägung spiegelt sich vor allem in der Literatur wider, wobei hier am ehesten die Schriften von Gelehrten für Gelehrte gemeint sind. Bis weit in die neuere Zeit wurde die Schrift beibehalten. Nach und nach wurde dann aber die vietnamesische Chữ Nôm-Schrift gebräuchlich, wobei die chinesischen Schriftzeichen nie vollständig ersetzt wurden. Im Bereich der Literatur hatten beide Sprachen einen stark ausgeprägten Hang zur Gedichtform mit Reimen. Mit der Kolonialisierung gewann schließlich die lateinische Schrift an Bedeutung, und mit ihr wanderte europäisches Gedankengut in die vietnamesische Literatur. Auch dafür fanden sich schließlich vietnamesische Vertreter, die mit der Zeit westliche Literaturstile übernahmen. So fand schließlich die Prosa Einzug in die Literaturszene.

Allerdings sind Schriftsteller auch Künstler. Und Künstler lassen sich oftmals nicht gerne in ihrer Schaffenskraft beeinträchtigen und widersetzen sich, wenn sie bevormundet werden. Widerstand wiederum missfiel den Regierenden, insbesondere während der Zeit von Mitte der 1940er Jahre bis 1975, die durch den Indochina- wie auch den Viet-

namkrieg geprägt wurde. Doch die Beeinflussung
der Kunst hatte schließlich ein Ende. Und so finden
sich in gut sortierten Buchläden vieler Länder heute namhafte vietnamesische Schriftsteller.

Die literarischen Werke berichten aus erster Hand
Details über das Leben in Vietnam und sparen die
Sorgen und Nöte der Bevölkerung nicht aus. Ebenso
berichten sie über deren Sehnsüchte und Träume.

Zu diesen Schriftstellern gehören unter anderem
Lê Minh Khuê („Nach der Schlacht" und „Kleine
Tragödien") und Huy Thiệp Nguyễn („Der pensio-
nierte General"). Die Bücher gibt es auch in deutscher Übersetzung und im deutschen Buchhandel.

Malereien und Drucke

Wenn man von Kunst redet, kommt man an Malereien und Drucken nicht vorbei. Typisch für Vietnam sind die traditionsreichen Holzschnittdrucke
mit dem Namen Tranh Dong Ho. Sie sind nach dem
Dorf Dong Ho benannt, das sich für die Drucke
einen Namen gemacht hat. Der zugehörige Distrikt
Thuan Tranh liegt im Norden in der Nähe der
Hauptstadt Hanoi.

Diese Drucke werden zum Neujahrsfest in den Wohnungen und Häusern aufgehängt und sollen im neuen Jahr Glück für die Bewohner bringen. Die Malereien werden in freundlich wirkenden Farbzusammenstellungen gefertigt. Der Untergrund besteht aus einer Papierart, die traditionell aus örtlichen Bäumen gewonnen wird. Die typischen Akteure auf diesen Bildern sind berühmte Personen, aber auch Pflanzen wie zum Beispiel Palmen, oder Tiere wie etwa der Elefant. Das Typische dabei ist, dass die Tiere und Pflanzen eine gewisse Bedeutung in sich tragen. So steht das Schwein beispielsweise für Reichtum und Wohlstand, die Gans für Sanftmut und der Frosch für Tapferkeit. Solche Zuordnungen sind dem europäischen Kulturkreis eher fremd. Auf alle Fälle sind dem Gestaltungsfreiraum der Künstler kaum Grenzen gesetzt. Fröhlich sollen diese Bilder wirken und Zuversicht geben für die Zukunft – dann ist der Zweck erreicht. Um die Bilder nicht verblassen zu lassen, wird eine flüssige Mixtur aus Reismehl aufgetragen, die die Oberfläche schützt. Das alles macht aus diesen Werken eine besondere und wunderschöne Kunstform – haltbar und unvergänglich für ein ganzes Menschenleben.

Die Musik in Vietnam

Die Aktivitäten der vietnamesischen Musikschaffenden zu beleuchten, ist eine Herausforderung. Zumindest dann, wenn man wirklich ins Detail gehen möchte. Grund für diese schwierige Aufgabe ist zum einen die Tatsache, dass die über 50 Ethnien, die in Vietnam verteilt leben, oft sehr eigene und eigenwillige Vorstellungen von Musikstücken haben. Zum anderen kommen zu den jetzigen Ethnien die Einflüsse Chinas aus der damaligen Herrschaftszeit hinzu, die sich jedoch eher im Norden Vietnams bemerkbar machen. Der Süden wurde dagegen mehr von indischen und malaysischen Einflüssen geprägt. Dazu gesellten sich später die Hinterlassenschaften des europäischen Kolonialismus und der Amerikaner.

Die Instrumente der vietnamesischen Musik

Bei der Musik hat China seine Einflüsse deutlich hinterlassen, und – wie beim großen Nachbarn – spielen auch in Vietnam die Materialien eine bedeutende Rolle. Sie lassen sich in acht Gruppen einteilen. Alle basieren auf natürlichen Grundstoffen: Ton, Stein, Holz, Bambus, Metall, Seide, Kürbis und Tierhaut.

Daraus wurden alle Arten von Instrumenten gefertigt. Auch hier lassen sich wieder Kategorien einteilen.

Es gibt Instrumente mit Saiten, also Zupf- und Streichinstrumente. Dazu gehören zwei-, drei- und viersaitige Lang- und Kurzhalslauten mit unterschiedlichen Klang- und Resonanzkörpern. Beispiele dafür sind die zweisaitige mondförmige Langhalslaute dan nguye und die Kurzhalslaute dan doan.

Aber auch die sechssaitige luc huyen oder ghi-ta, bei der es sich um eine Art Gitarre handelt, gehört dazu. Dann gibt es noch unterschiedliche Zither- und Streichinstrumente.

Die nächste Gruppe sind sogenannten Aerophone, also Instrumente, bei denen die Töne durch Schwingungen der Luft erzeugt werden. Dazu gehören Flöten, Hörner und Mundorgeln.

Dann gibt es die sogenannten Idiophone, bei denen das Instrument an sich selbst den Ton erzeugt.

Als Übersetzung dafür wird passenderweise die Bezeichnung Selbstklinger verwendet. Beispiele dafür sind Klappern und Gong-Schüsseln.

Zudem existiert die Gruppe der Membranophone. Der Name sagt es schon: Hier gibt es eine Membran, auf die mit Stöcken oder der Hand geklopft und auf diese Weise ein Ton erzeugt wird. Auch sie werden in unterschiedlichen Ausführungen angeboten, je nachdem, in welchem Gebiet oder von welchem Volk die Instrumente gespielt werden.

Neben Solomusizierenden gibt es, wie auch in Europa üblich, Ensembles, die Instrumentalstücke spielen oder auch Musikstücke von Sängern begleiten lassen.

Unter dem Strich bietet die vietnamesische Musik von kleinen, regional orientierten Klängen bis hin zur internationalen Musikkultur alles, was das Herz von Musikbegeisterten begehrt. Die Genres und Varianten bieten zahlreiche Details. Wer auch nur einen Ausschnitt davon in Vietnam einmal erlebt, wird in eine zwar fremde, aber beeindruckende Welt der Musik eintauchen. Sie inspiriert auf exotische Art und Weise.

Die vietnamesische Theaterwelt

Immer einen Besuch wert ist das Wasserpuppen- oder auch Wassermarionettentheater. Das Wasserpuppentheater (vietnamesisch: Mua Roi Nuoc) ist typisch für Vietnam und einzigartig in der Theaterwelt. Es ist in Vietnam entstanden und bildet bereits seit dem 11. Jahrhundert den Mittelpunkt des Theaterlebens. Die Protagonisten sind Marionetten, die in unterschiedlichen Situationen das Leben der Menschen nachspielen. Dabei wird meist das Landleben, in der Regel repräsentiert durch Bauern oder Fischer, in verschiedenen Szenen nachgestellt. Auch das Wasser spielt eine wesentliche Rolle. Mal ist es ruhig und mal aufgewühlt dargestellt – eben so, wie es sich in der Natur und im Leben der Menschen zeigt. Denn schließlich bot gerade das Wasser die Möglichkeit zur Ansiedelung für viele Menschen und wurde so Teil ihres Lebensmittelpunkts. Doch gleichzeitig wurden große Gebiete immer wieder von Überschwemmungen heimgesucht.

Etwa mit dem Beginn des 17. Jahrhunderts wurden auch Geschichten von kriegerischen Handlungen, beispielsweise vom Widerstand gegen die chinesische Herrschaft, in das Repertoire dieser Theaterform aufgenommen. Man ließ aber auch die Helden dieser Kämpfe hochleben, was wiederum den vietnamesischen Herrschenden gefiel.

Die eigentlichen Akteure, die Puppenspieler, sind bei den Aufführungen nicht zu sehen. Sie halten sich hinter einem Vorhang oder der Bühnenwand verborgen und manövrieren die bis zu 70 Zentimeter großen Holzpuppen mit Hilfe von Bambusstöcken. Dabei stehen sie selbst oftmals bis zu den Hüften im Wasser.

Begleitet wird das Theatergeschehen von einem traditionellen Orchester mit vietnamesischen Musikinstrumenten. Diese Aufführungen waren das Highlight jedes Dorffests. Wenn das Publikum die Stücke schon kannte, was häufig der Fall war, war es aktiv mit dabei. Dann wurde gelacht, gerufen und ganze Sprechpassagen wurden mitgespielt. Eine solche Aufführung war ein Fest für die ganze Familie.

Apropos Familie: In früheren Zeiten wurde diese Theaterform lediglich innerhalb einer Familie von den Vätern an die Jungen weitergegeben. Das führte wiederum dazu, dass die Wasserpuppentheater zum Ende des 20. Jahrhunderts fast aus der Kulturwelt verschwunden wären. Einen Anteil am Verschwinden aus der Öffentlichkeit hatten aber auch die französischen Kolonialisten, weil im Krieg gegen Frankreich verstärkt Szenen von heldenhaften Kämpfen gegen die Besatzer gezeigt wurden. Daraufhin wurden die Aufführungen in Theatern von der französischen Verwaltung verboten.

Schließlich rief der fast vollständige Untergang dieses Kulturguts nach dem Krieg eine französische Initiative auf den Plan, die diese jahrhundertealte Tradition mit neuen Figuren wiederbelebte. Auf diese Weise ist das Wasserpuppentheater aus seinem Schatten herausgetreten und hat inzwischen Weltruhm erlangt. Die Besucher können Vorstellungen in Theatern in Saigon und Hanoi besuchen. Einige Ensembles zeigen sie sogar im Ausland.

Andere Theaterformen

Neben dem Wasserpuppentheater gab es aber auch andere Formen der Theaterdarbietung. Viele von ihnen wurden spezifisch von ethnischen Minderheiten aufgeführt, aber eines hatten fast alle gemeinsam: Sie wurden innerhalb der Familien weitergegeben. Nicht alle hatten das Glück des Wasserpuppentheaters, um dessen Überleben sich ja die französische Initiative gekümmert hatte. Und so verschwanden tatsächlich viele im Laufe der Geschichte.

Cheo oder Tuong waren Beispiele dieser Formen, die nicht ganz von der Bühne verschwunden sind, aber nur noch selten aufgeführt werden. Cheo ist dabei die wohl älteste Theater-Kunstform, bei der in gewisser Weise auch das Publikum einbezogen wird. Hierbei werden in satirischer Weise Szenen nachgespielt. Wenn es den Anwesenden nicht gefällt, können sie das mit Betätigen einer Trommel kundtun.

Bei Tuong, das eine Version der chinesischen Oper ist, werden Geschehnisse aus der Vergangenheit lediglich durch sich bewegende und stark geschminkte Akteure sowie durch die Musik dargestellt. Sonstige Ausstattungen oder Requisiten spielen keine Rolle.

Beim Theater handelt es sich um eine Mischform von traditionellem vietnamesischem Theater mit einem modernen westlichen Sprechtheater. Bei geschichtsträchtigen Themen aus Vietnams Vergangenheit werden mit E-Gitarre, Schlagzeug und Keyboard moderne Instrumente integriert. Das wiederum macht diese Theaterform sehr anpassungsfähig für wechselnde Strömungen der modernen Musik.

Feiertage und Feste in Vietnam

Die Basis für das Datum von einigen Festen und Feiertagen in Vietnam ist der Mondkalender oder auch Lunarkalender. Er ist einer von verschiedenen Kalenderarten und typisch für den südostasiatischen Raum. Wie funktioniert er?

Vollmonde sind weltweit sichtbare Erscheinungen, und deshalb wird der Mond in einigen Kulturen zur Bestimmung der Monate verwendet. Zugrunde liegt die Erkenntnis, dass eine durchschnittliche Mondphase 29,53 Tage dauert. Das kalendarische Mondjahr setzt sich zusammen aus sechs Monaten mit 30 Tagen und sechs Monaten mit 29 Tagen. Insgesamt ergibt das eine Gesamtzahl von circa 354 Tagen. Zahlen hinter dem Komma sind dabei vernachlässigt. Der Beginn eines Monats ist das sogenannte Neulicht, das früher von herausragenden Persönlichkeiten in einer Gemeinschaft verkündet wurde. Das Neulicht ist der Moment, bei dem zum ersten Mal nach dem Neumond eine schmale Sichel den zunehmenden

Mond ankündigt. Und damit auch den beginnenden Monat.

Diese variable Jahresgestaltung ist dafür verantwortlich, dass die Feste und Feiertage Vietnams, die sich nach dem Mondkalender richten, zu einem jeweils unterschiedlichen Datum stattfinden. Zumindest, wenn man den in Deutschland gebräuchlichen Kalender berücksichtigt.

Das vietnamesische Neujahrsfest Tet

Das wichtigste Fest in Vietnam ist unbestritten das Tet Nguyen Dan, was so viel bedeutet wie „Fest des ersten Morgens". Man bezeichnet es auch als Tet-Fest oder Tet-Festival. Tet ist das vietnamesische Neujahrsfest und damit gleichzeitig ein Feiertag, dem allerdings in der Regel drei weitere Festtage folgen. Von der Bedeutung für die Menschen ist das Tet-Fest vergleichbar mit den christlichen Weihnachtsfeiertagen. Das Datum ist nicht festgelegt, es richtet sich aber nach dem Mondkalender.

In Vietnam beginnt das Fest am ersten Tag des neuen Mondkalenders und damit im Zeitraum zwischen Ende Januar und Mitte Februar. Gleichzeitig signalisiert das Tet-Fest den Beginn des Frühlings.

Beides ist den Vietnamesen hohen Aufwand wert. Bereits vor dem Fest wird in den Tempeln viel gebetet und die Gräber der Vorfahren werden besucht. Es wird neue Kleidung gekauft, ganz besonders für die Kleinen in den Familien. Die Geschäfte sind gut besucht, denn schließlich muss für ein paar Tage vorgesorgt werden. Ganz Vietnam scheint besonders emsig zu sein. Alleinlebende machen sich auf den Weg, um ihre Familien zu besuchen und das Fest mit ihnen feiern zu können. Dies geschieht während des sogenannten „Tat Nien". So heißt die Phase der Vorbereitungen auf das Fest, die schon Wochen vor den eigentlichen Feiertagen beginnt. Dazu gehört, dass die Menschen ihre Schulden begleichen, um schuldenfrei in das neue Jahr starten zu können.

Als nächste Phase kommt der Vorabend zum Fest, der „Giao Thua". Mit viel Hingabe werden jetzt die Häuser und Wohnungen geputzt und dekoriert. Die aufwändigen, schmucken Blumendekorationen symbolisieren Gaben an die Verstorbenen. Zudem kochen die Familien für das Fest vor. Gemäß einer alten Tradition werden um Mitternacht vor dem Beginn des ersten Festtags auch noch Feuerwerke veranstaltet. An das Verbot des Feuerwerks, das bereits 1995 aus Sicherheitsbedenken erlassen wurde, hält sich nicht jeder.

So gründlich vorbereitet kann jetzt das Fest beginnen – es ist die Phase des „Tan Nien". Am ersten Tag wirken die Straßen der Städte und Dörfer wie ausgestorben. Jeder bleibt zuhause, Geschäfte und Behörden sind geschlossen und selbst Bahnhöfe und Flughäfen sind leerer als sonst. Die Menschen sind schon bei ihren Lieben angekommen und feiern ihr „Tet Nguyen Dan". Normalerweise bleiben an diesem Tag die Familien unter sich. Eine Person, die nicht zur Familie gehört, würde nur auf Einladung zu Besuch kommen.

In den darauffolgenden Tagen werden noch einmal Tempel besucht, was man mit Gebeten und Geldspenden verbindet. Manche Vietnamesen lassen sich bei dieser Gelegenheit auch die Zukunft vorhersagen. Ansonsten stehen jetzt noch Besuche von Freunden und Verwandten oder Events, wie zum Beispiel Tanzaufführungen, auf der Liste der Unternehmungen.

Eine ganz wesentliche Rolle bei den Tet-Feiertagen spielt das Essen, das aufwändig und mit viel Leidenschaft zubereitet wird. Übrigens ist auch der 1. Januar als Neujahrstag ein Feiertag in Vietnam. Allerdings tritt dieser Tag wegen der Bedeutung des Tet-Fests völlig in den Hintergrund und findet kaum Beachtung. Man freut sich jedoch, dass man frei hat an diesem Tag.

Der Nationalfeiertag

Neben dem Tet-Fest gibt es noch zahlreiche bemerkenswerte Tage, die in Vietnam gefeiert werden. Allerdings ist nicht jeder dieser Tage ein gesetzlicher Feiertag, sondern wird einfach nur in besonderer Weise beachtet. Einer der echten Feiertage ist der Nationalfeiertag.

Der Nationalfeiertag geht zurück auf die Rede von Ho Chi Minh, dem damaligen Anführer der Viet Minh. Am 2. September 1945 verkündete er die Unabhängigkeit Vietnams. Nach jahrhundertelangen Besatzungen durch die Chinesen, die Franzosen und auch die Japaner begannen die Viet Minh im August 1945 eine Revolution. Dabei wurden viele Regierungseinrichtungen zerstört, und schließlich konnte der damalige Kaiser Bao Dai gezwungen werden abzudanken. Mit der Rede Ho Chi Minhs auf dem Ba-Dinh-Platz in Hanoi wurde Vietnam für unabhängig erklärt und die Demokratische Republik Vietnam ausgerufen.

Den ganzen Tag über finden Feierlichkeiten und Veranstaltungen, Kunstaustellungen und kulturelle

Feste statt. Abends wird der Himmel über dem Land von Feuerwerken bunt erleuchtet. Der Tag ist arbeitsfrei und die Familien nutzen ihn für gemeinsame Treffen und Besuche oder fahren an einen der vielen wunderschönen Strände, für die Vietnam berühmt ist. Es ist ein bedeutender Feiertag, der auch als solcher begangen wird.

Zugleich ist der 2. September ein wichtiger Gedenktag für Ho Chi Minh, der Vietnam als Revolutionsführer und Politiker von 1941 bis zu seinem Tod 1969 geprägt hat. Um ihn zu ehren, wurden noch zwei weitere Festtage in Vietnam angesetzt. Dies sind der 19. Mai als sein Geburtstag und der 3. September als sein Todestag. Diese Tage sind allerdings eher Ehrentage als Feiertage.

Eine weitere Ehrung wurde Ho Chi Minh zuteil: Im Jahre 1976 wurde das frühere Saigon nach ihm benannt.

Tag der Befreiung

Auch der 30. April hat mit dem Ende eines Krieges zu tun. Jedes Jahr an diesem Tag wird das Ende des Vietnamkriegs gefeiert, mit dem die USA das Land verlassen mussten. Am 30. April 1975 nahmen die Truppen des Vietcong Saigon, die damalige Hauptstadt Südvietnams, ein und vertrieben die amerikanischen Truppen endgültig. Auch dieser Tag wird als nationaler Feiertag begangen, begleitet von vielen Feierlichkeiten. In der Hauptstadt Hanoi finden farbenträchtige Truppenparaden statt.

Weihnachten in Vietnam

Vietnam ist kein christlich orientiertes Land. Nichtsdestotrotz wird der 24. Dezember als Festtag geführt, um den vielen Christen im Land die Möglichkeit zu geben, Weihnachten zu feiern. An diesem Tag haben viele Schulen geschlossen und die Menschen treffen sich auf den Straßen, um gemeinsam den Tag begehen zu können. Dies ist auch deshalb möglich, weil Autofahren am 24. Dezember nicht erlaubt ist. Die Straßen sind weihnachtlich dekoriert und mit Laternen geschmückt. Sogar Krippen mit Jesus, Maria und Josef sowie den Hirten mit ihren Tieren sind aufgebaut.

Auch innerhalb der Familien gibt es Feierlichkeiten, vor allem, wenn sie die christliche Tradition pflegen. Bei der Gelegenheit werden typisch vietnamesische Gerichte als Festtagsessen aufgetischt. Dazu gehören Hühnersuppe, der obligatorische Reis sowie gebratene Ente und Gans. Als Nachtisch gibt es den traditionellen Schokoladenkuchen „Buche de Noel", ein Relikt aus der französischen Besatzungszeit.

So wird Weihnachten bei sehr angenehmen Temperaturen auch im fernen Südostasien ein Fest für die ganze Familie.

Hung Vuong – ein traditionsreicher Feiertag in Vietnam

Eines der wichtigsten Feste in Vietnam ist das Fest der Hung Könige, denn diese gelten als die ursprünglichen Väter der Nation. Jedes Jahr wird das Fest am 10. Tag des dritten Monats im vietnamesischen Mondkalender gefeiert. Die Könige gehören zum sagenumwobenen kulturellen Erbe.

Laut einer Überlieferung geht der Zeitraum der Hung-Bang-Zeit auf die Jahre von 2879 bis 258 vor Christus zurück. In dieser Zeit lebten die 18 legendären Hung-Könige. Sie alle sollen von der Urmutter Au Co abstammen. Diese wird als die „Mutter der Nation" verehrt und hat dem Land gemäß der Sage die Raupenzucht, das Weben und den lebenswichtigen Reisanbau gebracht.

Au Co war eine Fee aus dem Gebirge und hatte sich in den Drachenkönig Lac Long Quan verliebt.

Aus ihrer Verbindung gingen Kinder hervor, allerdings gleich hundert an der Zahl. Diese Kinder waren der Sage nach die ersten Vietnamesen, und der älteste Sohn wurde der erste Kaiser Vietnams. Damit war die Dynastie der Hung gegründet. Als Relikt aus dieser Zeit bleibt die Bezeichnung „Kinder des Drachens und der Fee", die einige Vietnamesen heute noch für sich verwenden.

Der Todestag der Hung-Könige ist ein landesweiter und seit 2007 auch ein arbeitsfreier Feiertag. Über das ganze Land verteilt, gibt es circa 1.500 Tempel zu Ehren der Hung-Könige. Der Schwerpunkt der Feierlichkeiten an diesem Tag liegt aber eindeutig in der Provinz Phu Tho im Norden des Landes. Allein in dieser Provinz findet man über 320 solcher Tempel. Das macht sie zum Sinnbild der patriotischen Gesinnung der Vietnamesen, und genau diese Einstellung vermittelt das Fest der Hung-Könige: die Einheit des Volkes, das alle geschichtlichen Widrigkeiten gemeinsam gemeistert hat. Die Botschaft dahinter ist, dass es auch in Zukunft so bleiben soll, denn alle Vietnamesen fühlen sich wie Brüder und Schwestern miteinander verbunden.

Für die Vietnamesen hat dieses Fest also eine ganz spezielle Bedeutung. So speziell, dass sogar die offiziellen Feierlichkeiten in einem Dekret standardisiert wurden. Dazu gehören Umzüge und der Schlag auf die Bronzetrommel, das Zünden von Räucherstäbchen in den Tempeln sowie Klebreiskuchen und Obst als Opfergaben. Und natürlich findet man auch die üblichen Zugaben, die man bei einem solchen Fest erwartet. Den Abschluss bildet das Feuerwerk.

Es gibt noch viele andere Feste, Feierlichkeiten und Veranstaltungen. Die Vietnamesen sind ein sehr traditionsbewusstes Volk und feiern ihre Bräuche auch gerne. Kultur hat hier einen sehr hohen Stellenwert.

Religion in Vietnam – ein Land im Zeichen des Buddhismus

Die Basis vieler kultureller Vorgänge ist in Vietnam die religiöse Einstellung. In einer Umfrage, die bereits im Jahr 2004 gemacht wurde, haben sich etwas über 80 Prozent der Vietnamesen als Atheisten bezeichnet. Sie glauben also nicht an einen oder mehrere Götter. Im Grundsatz dürfte sich hier in den letzten 20 Jahren nicht viel geändert haben.

Auch wenn man auf einer Reise durch Vietnam das Gefühl hat, dass der Buddhismus das Land dominiert, so sind es doch nur etwa 20 Prozent der immerhin circa 100 Millionen Vietnamesen, die ihm folgen. Dieser Anteil beinhaltet auch Strömungen, die dem Buddhismus zugeordnet sind.

Bei 80 Millionen Atheisten und 20 Millionen Buddhisten würde das ja bedeuten, dass es keine anderen Religionen in Vietnam gäbe. Ist das der Fall?

Die Antwort liegt in der Beschreibung des Buddhismus. Denn dieser kennt keinen Gott, wie es zum Beispiel im Christentum der Fall ist. Daher ist es möglich, Atheist und gleichzeitig Buddhist zu sein. So ist der Zusammenhang von Kultur und Religion zu erklären. Der Buddhismus ist eine sogenannte Erfahrungsreligion. Zu dieser Art der Religiosität gehören auch der Hinduismus und der Taoismus. Im Gegensatz dazu sind das Christentum, das Judentum und der Islam Offenbarungsreligionen, bei denen ein Gott seine Offenbarung verkündet.

Buddhismus als Religion und Philosophie

Im Buddhismus steht die Entwicklung des eigenen Geistes im Zentrum. Über Meditation kommt man zur Erleuchtung und damit zur Erkenntnis der Wahrheit. Hier gibt es also keinen allmächtigen Gott, der die Wahrheit verkündet.

Einer der Grundpfeiler des Buddhismus ist das Konzept des Karma. Das bedeutet, dass jede Handlung eine Konsequenz hat, die sich aber erst viel später zeigen kann, sogar erst nach der Wiedergeburt in einem anderen Leben. Auf einen trivialen Punkt gebracht, heißt das für die gläubigen Buddhisten: Sei gut zu anderen und dir wird Gutes widerfahren. Und damit erschließt sich dem Mitteleuropäer auch schon der Grund für das legendäre Lächeln der Vietnamesen. Es ist echt, es kommt von innen heraus.

Ähnlich den zehn Geboten im Christentum kennt auch der Buddhismus Regeln, die die Gläubigen zu befolgen haben.

Diese Regeln sind:

1. Töte und verletze kein Lebewesen.
2. Nimm nichts, was Dir nicht gehört.
3. Sei enthaltsam in Gedanken, Worten und Taten.
4. Lüge nicht und rede nicht schlecht, sei mild und freundlich.
5. Nimm keine Rauschmittel zu Dir.

Damit erkennt man gleich, dass diese Regeln ja schon unmittelbar zu der Güte führen, die die Menschen in sich tragen sollen. Und tatsächlich ist tiefes Mitgefühl für andere Lebewesen, und zwar ohne Hintergedanken auf irgendeinen eigenen Vorteil, eines der wesentlichen Ziele der reinen und vollkommenen buddhistischen Erkenntnis, die man aus eigener Kraft durch Meditation erreichen soll.

Begründer des Buddhismus ist Siddhartha Gautama, der von 563 vor Christus bis 483 vor Christus gelebt haben soll. Wissenschaftlich bestätigt ist das aber nicht. Er war Spross einer Adelsfamilie und musste sich über sein Leben eigentlich keine Sorgen machen. Dies schien ihm aber nicht befriedigend zu sein, und so begab er sich im Alter von 29 auf den Weg, seine eigenen Erfahrungen zu sammeln. Bei vier Ausfahrten in die direkte Umgebung seiner Heimat, dem Grenzgebiet zwischen Tibet und Indien, sah er das menschliche Leben, wie es außerhalb einer geschützten Umgebung war – voller Leid, Armut und Krankheit. Auf diesen Reisen traf er auch einen Asketen, von dem er stark inspiriert wurde.

Nachdem Siddhartha Gautama selbst einige Zeit als Asket gelebt und sich mit Philosophie und Yoga beschäftigt hatte, erfuhr er im Alter von 35 Jahren eine Erleuchtung. Dies geschah der Erzählung nach unter einer Pappelfeige, die auch heute noch als „Baum der Weisheit" bezeichnet wird. Er spürte, dass Begierde und Hass von ihm abfielen, und formulierte danach in jahrelanger Arbeit eine Lehre, die die Basis wurde für den Buddhismus.

Während der Jahrhunderte entwickelten sich mehrere Strömungen dieser Religion, wie es auch mit dem Christentum geschah.

Tatsache aber bleibt: Der Buddhismus ist die vorherrschende Religion in Vietnam. Sichtbar wird dies unter anderem durch unzählige Buddha-Figuren an den Straßen und in den Parks sowie durch viele Pagoden, in denen buddhistische Reliquien aufbewahrt werden.

Andere Religionen und Glaubensrichtungen in Vietnam

Ähnlich wie der Buddhismus sind auch der Konfuzianismus und der Taoismus Erleuchtungsreligionen, und auch sie haben ihre Anhänger in Vietnam, wenngleich sie bei weitem nicht den Stellenwert einnehmen wie der Buddhismus. Der Konfuzianismus hat seinen Ursprung in China, wurde aber erst im 17. Jahrhundert durch christliche Missionare als solcher bezeichnet. Konfuzius galt bei seinen Anhängern mit seinen moralischen Lehren als mustergültig und vorbildlich. Gelebt wird die Lehre außer in Vietnam noch in China, Japan, Korea und einigen wenigen anderen asiatischen Staaten.

Der Taoismus oder auch Daoismus stammt ebenfalls aus China, das Vietnam damit also auch im religiösen und philosophischen Bereich geprägt hat. Diese drei Religionen werden als die „Drei Lehren" bezeichnet.

Religionen bieten eine gewisse Sicherheit im Verständnis für andere Menschen und deren Handeln. Es gibt einen weiteren Glauben in Vietnam, der unter anderem auch in Europa verbreitet ist, nämlich den Katholizismus. Er wird von immerhin acht Prozent der Vietnamesen praktiziert. Damit gehört Vietnam sogar zu den asiatischen Staaten mit einem relativ großen Anteil an Katholiken. Auch der Protestantismus ist vertreten, allerdings nur mit einem verhältnismäßig kleinen Anteil an Gläubigen.

Als Offenbarungsreligion, also mit einem allmächtigen Gott an der Spitze, besitzt auch der Islam seine Anhängerschaft in Vietnam. Er ist hier jedoch nur eine stark abgeschwächte Ausprägung des Islam. So ist es den Moslems in Vietnam beispielsweise gestattet, Alkohol zu trinken. Nur das Freitagsgebet gilt als religiöse Verpflichtung. Der Ramadan ist zudem auf drei Tage begrenzt und dauert nicht einen Monat lang. Allerdings ist der Anteil der praktizierenden Gläubigen gering. Im vietnamesischen Alltag insgesamt spielt der Islam keine Rolle.

Grundsätzlich herrscht in Vietnam Religions- und Glaubensfreiheit. Der Katholizismus wurde bereits von den Franzosen im 16. Jahrhundert eingeführt und im weiteren Verlauf auch durch spanische und portugiesische Missionare verbreitet. Anfangs hatte die kommunistische Regierung Vietnams ihre Probleme mit dieser Religion, die als reaktionär angesehen wurde. Ein Besuch von Papst Benedikt beim damaligen Premierminister Vietnams im Jahr 2007 hat die Vorbehalte gegen den christlichen Glauben ein wenig reduziert.

Es gibt noch eine Glaubensrichtung in Vietnam, die man weder in die Kategorie der Religion noch in die der Philosophie einordnen kann. Dabei handelt es sich um den Ahnenkult. Dieser spielt eine sehr wichtige Rolle im vietnamesischen Leben und Alltag. Dabei werden die Vorfahren geehrt. Dafür ist nahezu jedes Haus mit einem Altar ausgestattet, auf dem Bilder der Verstorbenen zu sehen sind. Den Ahnen werden Opfergaben in Form von Blumen und Früchten dargebracht, begleitet vom Abbrennen von Räucherstäbchen. Im Gegenzug gewährt die Seele des Verstorbenen den nachfolgenden Generationen Schutz. Dieses Ritual wird den Vorfahren bis zu vier Generationen zurück gewidmet, denn bis dahin können die Seelen wiedergeboren werden. Dem Glauben an die Ahnen nach würden deren Seelen bis in die Unendlichkeit umherirren, wenn dieser Kult nicht ausgeübt würde.

Hier sind einige Fakten und Aspekte zur Moderne und zum Lifestyle in Saigon:

1. Skyline: Saigon hat eine beeindruckende moderne Skyline, die von Wolkenkratzern und Hochhäusern geprägt ist, die das Stadtbild dominieren.

2. Einkaufszentren: Die Stadt ist reich an modernen Einkaufszentren und Einkaufszentren, die eine Vielzahl von internationalen Marken, Boutiquen und Unterhaltungsmöglichkeiten bieten.

3. Café-Kultur: Saigon ist bekannt für seine lebhafte Café-Kultur, mit zahlreichen trendigen Cafés und Kaffeestuben, in denen Einheimische und Besucher sich treffen, um Kaffee zu trinken und zu entspannen.

4. Nachtleben: Das Nachtleben in Saigon ist pulsierend und vielfältig, mit einer Fülle von Bars, Clubs und Lounges, die bis spät in die Nacht geöffnet sind und eine lebendige Atmosphäre bieten.

5. Kulinarische Szene: Die kulinarische Szene in Saigon ist äußerst vielfältig und bietet eine Fül-

le von Restaurants, Streetfood-Ständen und Garküchen, die Gerichte aus der ganzen Welt anbieten.

6. Künstlerische Szene: Saigon hat eine aufstrebende künstlerische Szene, mit Galerien, Kunststudios und Straßenkunst, die die Stadt mit kreativer Energie füllen.

7. Technologie und Innovation: Saigon ist ein Zentrum für Technologie und Innovation in Vietnam, mit einer wachsenden Start-up-Szene und Tech-Unternehmen, die das städtische Leben prägen.

8. Mode und Design: Die Stadt hat eine blühende Mode- und Designszene, mit talentierten Designern und Boutiquen, die trendige Kleidung, Schmuck und Accessoires anbieten.

9. Fitness und Wellness: Saigon bietet eine Vielzahl von Fitnessstudios, Yoga-Studios und Wellnesszentren, die Einheimische und Expats ansprechen, die einen gesunden Lebensstil pflegen möchten.

10.

11. Veranstaltungen und Festivals: Saigon ist Gastgeber für eine Vielzahl von Veranstaltungen und Festivals, darunter Musikfestivals, Kunstausstellungen und Food-Messen, die das moderne Leben in der Stadt feiern.

Kapitel 4

Verkehrswege in Vietnam und Saigon –
der Charme des Besonderen

Wenn man an Verkehrswege denkt, kommen einem schnell die üblichen Möglichkeiten in den Sinn: zu Lande, zu Wasser und in der Luft. Das ist auch in Vietnam nicht anders. Aber das Vorwärtskommen ist im Allgemeinen mit geringerer Geschwindigkeit verbunden und oft etwas abenteuerlich. Jeder, der Vietnam kennt, weiß, dass das Thema Verkehr Relevanz besitzt.

Natürlich gibt es Straßen in Vietnam. Die erfüllen aber nur bis zu einem gewissen Grad europäische Ansprüche an ein gut ausgebautes Straßennetz. Betrachtet man einmal die Straßenverbindung zwischen der Hauptstadt Hanoi im Norden und der größten Stadt des Landes, Saigon, im Süden. 1.700 Kilometer liegen dazwischen. Nach europäischen Standards würde man das in circa 15 bis 17 Stunden schaffen. Nicht so in Vietnam. Diese Straße, wahrscheinlich die wichtigste im Land, entspricht in manchen Teilen nicht einer Autobahn. Sie ist kurvig und nicht immer übersichtlich. Sie übermäßig schnell zu befahren, wäre gefährlich. Stress sollte man in einem Land wie Vietnam allerdings ohnehin nicht aufkommen lassen und auch diese Gegebenheiten gelassen hinnehmen. Knapp 30 Stunden braucht man schon für die Strecke, aber dafür erlebt man das atemberaubende Land aus unmittelbarer Nähe. Man durchfährt spektakuläre Landschaften, durch die man sowieso nicht rasen sollte. Dazu sind sie viel zu sehenswert.

Es gibt die Überlandstraßen in Vietnam, nur eben oft nicht in einem Zustand, wie Deutsche ihn gewohnt sind. Insbesondere durch den wirtschaftlichen Aufschwung Vietnams erkennt aber auch die Regierung, dass es Handlungsbedarf gibt, denn Waren müssen nun einmal transportiert werden. Die Instandhaltung und insgesamt die Verbesserung des Straßennetzes stehen auf der Tagesordnung, wobei hier in den letzten Jahren schon sehr viel gemacht wurde.

In manchen Filmen sieht man die Verkehrssituation an einer innerstädtischen Kreuzung in Vietnam. Doch vom Zuschauen allein bekommt man noch nicht den richtigen Begriff davon, wie das Treiben vor Ort aussieht. Die einzelnen Fahrspuren, soweit es sie gibt, scheinen nur eine von vielen möglichen Optionen zu sein. Das Gleiche gilt für regulierende

Maßnahmen wie Ampeln, Fußgängerüberwege sowie Stopp- und Vorfahrtszeichen. Aber es funktioniert, und zwar erstaunlich gut, wenn auch für deutsches Empfinden nicht immer nachvollziehbar. Die Straße ist Treffpunkt von Fußgängern, großen und kleinen Autos, LKWs und Tausenden von Mopeds. Letztere sind teilweise so beladen, dass man nur noch erahnen kann, was jetzt eigentlich das Gefährt ist. Die Vietnamesen scheinen von Natur aus Transportspezialisten zu sein, denn irgendwie ist die Ladung stets so festgezurrt, dass die Konstruktion hält.

Fußgängerüberwege im europäischen Sinn sind eine Illusion. Will man als Fußgänger eine Straße überqueren, benötigt man eine ordentliche Portion Zuversicht und Verwegenheit. Man kommt schon irgendwie durch, scheint insgesamt die passende Strategie zu sein – unabhängig davon, ob man zu Fuß oder mit irgendeinem Fahrzeug unterwegs ist.

Aber trotz all dieser Bedingungen hat der Verkehr in Vietnam seinen ganz eigenen Charme. Es ist weniger das Recht des Stärkeren, das hier zählt, sondern vielmehr desjenigen, der es sich zutraut, dieses Abenteuer zu erleben. Das Betätigen der Hupe ist nicht mit einer Aggressivität belegt, wie es in Europa oft der Fall ist. Es ist als Hinweis zu verstehen, dass man gleich etwas machen wird, mit dem ein anderer Verkehrsteilnehmer vielleicht nicht rechnet. Auf manchen Überlandstraßen ist das Hupen auch unerlässlich. Und zwar spätestens dann, wenn man auf eine völlig unübersichtliche Kurve zufährt. Da kann es mitunter lebenserhaltend sein, wenn der andere weiß, dass man ihm entgegenkommt.

Das Straßennetz in Vietnam

Etwa 570.000 Kilometer umfasst das Straßennetz in Vietnam. Zum Vergleich: In Deutschland ist es mit etwa 830.000 Kilometern fast eineinhalb Mal so groß – und beide Länder sind von der Fläche her fast gleich.

Gerade in Metropolen wie Hanoi und Saigon wäre ein einigermaßen fließender Verkehr ohne die Millionen von Mopeds als Auto-Alternative nicht denkbar. Allein, zu zweit oder sogar zu dritt auf einem motorisierten Zweirad als Alternative zum Auto zu fahren, sorgt jedoch dafür, dass die Fortbewegung in den Städten funktioniert. Sie nehmen einfach weniger Platz ein. Würde man das Gewusel aus der Luft betrachten, käme es einem vor wie ein riesiger Ameisenhaufen, der in ständiger Bewegung ist.

Wie auch in europäischen Gefilden, gibt es in Vietnam Autobahnen und Bundesstraßen. Dazu kommen Distrikt- und Gemeindestraßen sowie städtische Verkehrswege. Eine besondere Rolle spielen noch die Spezialstraßen, ohne die ein Zugang in bestimmte Regionen schlicht nicht möglich wäre. Trotzdem gibt es noch zahlreiche Gebiete, die überhaupt nicht über eine normale Straße erreichbar sind.

Natürlich sind die Überlandstraßen inzwischen meist zweispurig ausgelegt. Das bedeutet aber nicht, dass sie nicht auch mal dreispurig genutzt werden. Dabei setzt man auf Flexibilität und geht davon aus, dass die Verkehrsregeln nicht immer beachtet werden müssen.

Insgesamt hat sich beim Blick auf das große Ganze in Bezug auf den Verkehr schon einiges getan im Land, viele Verbindungen wurden hergestellt. Denn immerhin hat Vietnam im Jahr 2011 den großen Schritt von der Einstufung als Entwicklungsland zum Schwellenland geschafft und sich damit internationale Anerkennung verschafft. Das ist ein überzeugendes Zeichen dafür, dass Vietnam in riesigen Schritten aufholt. Es ist eine Frage der Zeit, wann sich das auch im Straßenbau niederschlägt.

Bleibt zu hoffen, dass diese faszinierende Art des Verkehrs, diese ganz besondere Eigenart der motorisierten Fortbewegung, in irgendeiner Form erhalten bleibt. Denn auch wenn es vor allem in den Städten bisweilen chaotisch zugeht auf den Straßen Vietnams – die Teilnahme daran ist ein Erlebnis, das man für immer im Gedächtnis behält.

Das Schienennetz – Stiefkind der Infrastruktur

Die berühmten Bilder, beispielsweise aus Japan, bei denen Passagiere von Zugbegleitern mit großer Körperkraft in die völlig überfüllten Züge gedrückt werden, wird man in Vietnam nicht sehen. Der Grund dafür liegt darin, dass der Schienenverkehr ein Randdasein führt und sich in den letzten Jahrzehnten sogar verringert hat.

Die Prämisse der Regierung lag in den vergangenen Jahren auf der Verbesserung des Straßenbaus. Auch hier verdeutlicht ein kurzer Vergleich die Lage. Während sich der Bahnverkehr in Deutschland auf etwa 39.000 Kilometern durch das Land erstreckt, stehen der vietnamesischen Bahn nur etwa 4.000 Schienenkilometer zur Verfügung. Bislang scheiterten Erweiterungen an mangelnden Investitionen.

Das ist deshalb gravierend, weil die Technik, unter anderem der Signalanlagen, völlig veraltet ist. Aber auch die technische Ausstattung der Züge selbst ist mangelhaft.

Jetzt hat sich die vietnamesische Regierung auf die Fahnen geschrieben, all das zu verbessern. Denn schließlich ist ein gut funktionierendes Bahnnetz auch ein Wachstumspfeiler für die aufstrebende Wirtschaft des Landes. Laut einem Infrastruktur-Masterplan soll der städtische Schienenverkehr verbessert und ein U-Bahn-Netz in den großen Städten geschaffen werden. Auch die Schienen-Anbindungen an Touristikzentren und Seehäfen sollen ausgebaut und Bahnhöfe und Brücken renoviert werden.

Ein Hauptaugenmerk liegt auf der Verbindung zwischen Hanoi und Saigon, die für alle Verkehrsbereiche eine besondere Rolle spielt. Hier soll eine

Hochgeschwindigkeitsstrecke auf den dazwischenliegenden 1.545 Kilometern entstehen. So ein Bauwerk braucht seine Zeit, doch erste Planungen sehen 2030 als Ziel vor.

Vietnam hat alle Voraussetzungen, um diese Aufgaben erfolgreich zu beenden. Die Vietnamesen sind fleißig und leidenschaftlich bei der Sache, wenn sie sich einmal etwas vorgenommen haben.

In jedem Fall ist es empfehlenswert, den Bahnverkehr inklusiv Nachtzügen für das Erkunden des Landes einzubeziehen. Diese Reisemöglichkeit beinhaltet auch eine exzellente Gelegenheit, mit den kontaktfreudigen Vietnamesen ins Gespräch zu kommen.

Flugverkehr in Vietnam

Nachdem sich Vietnam dem Tourismus geöffnet hat und wirtschaftlich in den internationalen Wettbewerb eingestiegen ist, hat es sich auch für eine Fokussierung auf den Flugverkehr entschieden.

Tatsächlich verfügt Vietnam über vier internationale Flughäfen. Der jüngste davon liegt auf der Insel

Phu Quoc und ist erst im Jahr 2012 eröffnet worden.

Tan Son Nhat in Saigon beziehungsweise Ho-Chi-Minh-Stadt ist der größte Flughafen Vietnams. Das internationale Kürzel dafür lautet SGN, weil der Name Saigon bei Einheimischen, Geschäftsleuten und Touristen noch immer gebräuchlich ist. Das Terminal für internationale Flüge ist hochmodern und kann weltweiten Standards problemlos das Wasser reichen.

Noi Ban in der Hauptstadt Hanoi ist der zweitgrößte Flughafen in Bezug auf Airlines und Flugzielen. Hier verbinden kostenlose Shuttle-Busse die Terminals.

Die Millionenstadt Da Nang liegt zwischen Hanoi und Saigon und ist berühmt für ihre wunderschönen Sandstrände. Da ergibt es Sinn, dass man auch hier einen internationalen Flughafen vorfindet.

Durch die Positionierung dieser Flughäfen ist es der vietnamesischen Regierung gelungen, jeden Teil dieses sehr langgestreckten Landes gut zu erschließen. Es gibt noch einige eher regionale Flughäfen, und insgesamt kann man sagen, dass es per

Flugzeug eine gute Möglichkeit ist, das Land zu bereisen. Eventuell muss man einmal Abstriche bei der Pünktlichkeit machen. Als Deutscher ist man allerdings daran gewöhnt, dass es dabei Defizite geben kann – zumindest, was das Reisen auf Bahnschienen angeht.

Die Wasserwege Vietnams

Beindruckende Flüsse und das spektakuläre Mekongdelta – das sind fantastische Anreize für die Fortbewegung auf dem Wasser. Circa 5.000 Kilometer ganzjährig befahrbare Wasserwege stehen in Vietnam zur Verfügung. Insgesamt sind es sogar noch erheblich mehr Wasserstrecken, die aber nicht von allen Schiffen befahren werden können.

Diese Wasserwege haben inzwischen eine wesentliche Bedeutung für Vietnams wirtschaftlichen Fortschritt und auch für den Tourismus.

Der Mekong

Der Mekong hat etwas Mystisches an sich. Und zwar schon allein deshalb, weil es bisher nicht möglich war, seine exakte Länge zu bestimmen. Der Grund liegt darin, dass sein Ursprung nicht zugeordnet werden kann, da mögliche Quellen-Kandidaten in nahezu unzugänglichen Gegenden im tibetischen Hochland beziehungsweise in China vermutet werden. So schätzt man seine Länge im Bereich von 4.300 bis 4.900 Kilometer. Der majestätische Fluss durchquert fünf Länder, bis er schließlich nach Vietnam kommt, nämlich China, Myanmar, Thailand, Laos und Kambodscha. So mächtig, wie der Fluss ist, so beeindruckend ist auch sein Mündungsgebiet in das Südchinesische Meer.

In der Landessprache heißt er Song Me Kong oder Song Lon, was so viel bedeutet wie „Großer Fluss". Ein anderer Name lautet Neun-Drachen-Fluss (Song Cuu Long). Es wird vermutet, dass diese Bezeichnung mit der unglaublich weiten Verzweigung in seinem Delta zu tun hat. Immerhin dehnt sich dieses Gebiet auf über 40.000 Quadratkilometer aus. Bei Überschwemmungen sind es noch mehr. Schon immer haben die dortigen Bewohner die Wasserwege des Deltas für den Transport von Lebensmitteln und anderen Waren genutzt. Seit einigen Jahren werden sie verstärkt für den Warentransport auf großen Schiffen ausgebaut, was für die wirtschaftliche Zukunft Vietnams unerlässlich ist.

Der Rote Fluss

Weniger spektakulär, aber nicht weniger wichtig für Vietnam ist der Rote Fluss, der Song Hong. Korrekt übersetzt, lautet der vietnamesische Name „Rosa Fluss". Die Lebensader, die der Mekong für Saigon darstellt, ist der Rote Fluss für Hanoi. Seine Länge liegt bei etwa 1.150 Kilometer. Er kommt ebenfalls aus China und mündet etwa 100 Kilometer östlich von Hanoi in den Golf von Tonkin. Vietnams Hauptstadt liegt direkt im Delta des Song Hong und profitiert von der Fruchtbarkeit dieses Mündungsgebietes. Auch hier wurden von den dort lebenden Menschen schon immer Waren transportiert. Von der UNESCO wurde das Gebiet inzwischen als Biosphärenreservat eingestuft. Das tut aber seiner Bedeutung als Wasserstraße keinen Abbruch.

Der Song Dong Nai

Der Song Dong Nai ist mit einer Länge von 586 Kilometern auf vietnamesischem Gebiet der längste Fluss des Landes. Südlich von Saigon wird er verstärkt durch den Saigon-Fluss, und gemeinsam gehen die beiden Gewässer auf die Reise ins Chinesische Meer.

Der sogenannte Parfüm-Fluss

Woher der Song Huong genau seinen Namen hat, ist nicht klar. Die Übersetzung lautet „Fluss der Wohlgerüche" oder schlicht „Parfüm-Fluss". Es wird vermutet, dass gutriechende Edelhölzer, zu deren Transport er genutzt wurde, dafür verantwortlich sind. Es können aber auch die Blüten und Pollen sein, die im Frühjahr auf seiner Oberfläche treiben. Mit 30 Kilometern Wasserstraße bis zur Mündung ins Chinesische Meer kommt ihm keine wesentliche Bedeutung zu. Als Wasserstraße dient er trotzdem.

Natürlich gibt es in einem wasserreichen Land wie Vietnam noch zahlreiche andere Gewässer, die meist ebenfalls in irgendeiner Form als Transportweg genutzt werden. Sei es von Bauern, die ihren Reis und andere Lebensmittel nach Hause transportieren, oder aber von größeren Frachtschiffen, die zum wirtschaftlichen Aufschwung Vietnams beitragen.

Die größeren Wasserwege in Vietnam führen alle in das Südchinesische Meer beziehungsweise in den Golf von Tonkin, an dem Vietnam auch eine Küste hat. Er spielt für das Land jedoch keine große Rolle.

Die Häfen in Vietnam

Um die Waren auf dem Wasserweg ins Landesinnere zu bringen oder vom Landesinneren aufs Meer, sind Häfen nötig. Davon gibt es fast 30 und ihre Wichtigkeit steigt stetig. Deshalb hat auch für diesen Bereich die Regierung einen Masterplan aufgelegt. Demnach sollen bis 2030 knapp 14 Milliarden US-Dollar in den Bau und Ausbau von Hafenanlagen investiert werden. Allerdings ist die Finanzierung noch nicht endgültig in trockenen Tüchern. Es müssen noch Investoren gefunden werden.

Interessanterweise liegt der bisher bedeutendste Hafen aber nicht am Meer. Es ist der Cat Lai, der Stadthafen von Saigon. Den Nachteil, wegen fehlender Wassertiefe nur Schiffe mit einer Eigengewichtstonnage von höchstens 30.000 aufnehmen zu können, macht er durch seine Lage wett. Die Nähe zu den Wirtschafts- und Industriezentren von Binh Duong und Dong Nai wertet ihn auf. Nichtsdestotrotz sind Kooperationen mit anderen Häfen nötig, um wirklich effektiv zu arbeiten. Auch das gehört zum Masterplan der Regierung.

Häfen sind aber nicht nur für die Wirtschaft von Belang. Auch der Tourismus benötigt effektive und günstige Verkehrswege.

Vietnam braucht weiterhin eine Optimierung aller Verkehrsverbindungen, sei es auf dem Land, im Wasser oder in der Luft. Aber es ist auf einem guten Weg und hat bereits gezeigt, dass es Fortschritt und Weiterentwicklung verfolgt.

Kapitel 5

Saigon – Moderne und Lifestyle in einer außergewöhnlichen Metropole

Tradition und Geschichte, Vielfalt und Toleranz, Moderne und Lifestyle – all das bietet Saigon, die aufstrebende und liebenswerte Stadt im Süden Vietnams.

Das Erste, was bei einer Rundfahrt durch Saigon ins Auge fällt, sind natürlich die Gebäude: atemberaubende Tempel und Pagoden, europäische Architektur der letzten Jahrhunderte und moderne Wolkenkratzer der Neuzeit. Die Vielfalt ist spektakulär. Kein Wunder, dass sich Saigon inzwischen zu einem Magneten für Touristen und Geschäftsleute aus aller Welt entwickelt hat. Die größte Stadt Vietnams hat für jeden Geschmack etwas zu bieten.

Der Hauch der Moderne: Wolkenkratzer, Einkaufszentren, Geschäfte

461 Meter hoch ist er, der Landmark 81 – der neueste Wolkenkratzer in Saigon. Damit gilt er als das höchste Gebäude in Vietnam und gleichzeitig das

zweithöchste in Südostasien. Er bietet noch weitere Superlative. In dem hochmodernen Handelszentrum findet man Geschäfte mit einem breiten Angebot von trendigen Luxusartikeln, ein Hotel der Topkategorie und erstklassige Restaurants. Zur Freizeitgestaltung beherbergt der Landmark 81 das größte Eisstadion und ein Kino, das mit neuesten Audio- und Video-Technologien ausgestattet ist. Zum Staunen bringt den Besucher die atemberaubende Aussicht auf das lebhafte und unvergleichbare Treiben Saigons, wenn man vom obersten Stockwerk herabschaut. Man sieht einen Lifestyle erster Güte. Hier zeigt sich auch die Einsatzbereitschaft der Vietnamesen, denn die Bauzeit war kurz. Nach knapp vier Jahren wurde der Komplex im Juli 2018 fertiggestellt. Dazu brauchen andere Staaten und Volkswirtschaften Jahrzehnte. Der Landmark 81 symbolisiert die Entwicklung zum international viel beachteten Schwellenland Vietnam, in dem das Wirtschaftsleben boomt.

Aber nicht nur an diesem bedeutenden Gebäude ist der Aufschwung ersichtlich. Es ist das umtriebige Leben insgesamt, das den Eindruck einer aufsteigenden Wirtschaftskraft erweckt: helle, saubere und großzügig gebaute Einkaufszentren, moderne Märkte im Wechsel mit trendigen Boutiquen, zahlreiche Restaurants mit variantenreichen Angeboten und kleine Cafés, in denen sich die Menschen gern treffen. Immer dabei: das bezaubernde und vereinnahmende charakteristische Lächeln.

Auch die Modewelt hat Saigon erreicht. Mode ist ein wesentlicher Teil des Lifestyles, der in einer Stadt wie Saigon Maßstäbe setzt. Hier, in einer der trendigsten und modernsten Städte des asiatischen Kontinents, wird Mode großgeschrieben. Die neuesten Kollektionen werden vorgestellt und natürlich an die Frau oder den Mann gebracht. Dafür gibt es Modehäuser und Lifestyle-Boutiquen, die auf die Wünsche ihrer Kunden eingehen. Leichte Stoffe, Leinen und Seide, stehen im Mittelpunkt. Traditionelle Schnitte sind angesagt, deutlich inspiriert von der typisch vietnamesischen Kultur. Die Kleidung ist zwar angepasst an die klimatischen Gegebenheiten in Südostasien, wird aber auch in Europa geschätzt.

Jeder Kunde findet etwas Passendes. Eine Beratung wird immer angeboten, denn Zuvorkommenheit und Kundenorientierung zeichnen die vietnamesischen Geschäftsleute aus. Zusätzlich gibt es Second-Hand-Artikel, die ebenfalls in Boutiquen und auf den zahlreichen Märkten in der Stadt angeboten werden.

In Vietnams größter Stadt Saigon herrscht stets geschäftiges Treiben. Ihr Einzugsgebiet umfasst ja auch 11 bis 13 Millionen Menschen. Dazu muss man die wachsende Zahl von Auswärtigen zählen, die als Touristen oder Geschäftsleute hierherkommen. Aber man könnte wohl kaum von Vielfalt sprechen, wenn Saigon ausschließlich Luxus zu bieten hätte. Das ist jedoch nicht der Fall.

Streetfood und Märkte

Begibt man sich in die Nebenstraßen, findet man sich oft in einer anderen Welt wieder. Das ist in Saigon nicht anders als in anderen Metropolen der Welt. Was es aber nahezu überall gibt, ist Streetfood.

Manche Besucher haben Bedenken, wenn es darum geht, das Essen an den kleinen Ständen zu probieren, die fast überall zu finden sind. Streetfood lautet das Stichwort – in Saigon findet man diese Form des Hungerstillens häufig. Die Angebote sind oft ein außergewöhnliches kulinarisches

Erlebnis. Sie gehören als unverzichtbarer Teil zum Leben der Stadt.

Eine Möglichkeit, Streetfood zu kosten, bietet der Ben Thanh Street Food Market. Auch wenn sich hier nicht die 100-prozentige authentische Street Food-Szene niedergelassen hat, wird doch an mehr als 20 Ständen das angeboten, was man sich von der typisch vietnamesischen Küche verspricht. Sorgsam zubereitete Frühlingsrollen, exotische Meeresfrüchte, frischer Fisch, verschiedene Fleischsorten, Gemüse vom Grill und Suppen mit außergewöhnlichem Geschmack warten auf Genießer. Die Preise sind hier höher als an den Straßenständen, doch dafür erhält man vietnamesische Küche in Reinkultur und als kostenlose Zugabe die pulsierende Welt der vietnamesischen Märkte. Ein Besuch animiert dazu, noch mehr Seiten Saigons kennenzulernen.

Da bietet sich der Ben Thanh Market in der unmittelbaren Nachbarschaft an. Auch hier erlebt man Marktgeschehen pur. Man erhält vietnamesische Handarbeiten, Kunstgegenstände, internationale Markenartikel und Souvenirs. Um 18 Uhr startet der Ben Thanh Night Market und damit eine Welt voller Glitzer und Glamour. Die Atmosphäre ist etwas anders als in der mondänen Geschäftswelt des Landmark 81, aber nicht weniger beeindruckend.

Bis Mitternacht präsentieren hell und bunt erleuchtete Stände entlang der Straße alles, was das Herz eines Marktbesuchers begehrt. Angepriesen werden viele Waren im typisch vietnamesischen Stil. Kleidung, kunstvolle Handarbeiten und Souvenirs aller Art wechseln den Besitzer. Jetzt kann man auch Schnäppchen ergattern. Das erste, das man sein Eigen nennt, soll hier Glück bringen. Doch schon allein der Besuch dieses Marktes macht glücklich.

Der Ben Thanh Market mit dem Night Market und dem Food Court befindet sich im 1. Stadtbezirk von Saigon, etwa 500 Meter vom Saigon-Fluss entfernt und umgeben von einer faszinierenden Stadtszenerie. Viele Besucher bekommen hier das Gefühl, dass diese pulsierende Weltstadt sich von den anderen Metropolen deutlich unterscheidet. Es herrscht eine besondere Atmosphäre, in der Besucher sich einfach wohlfühlen. Der liebevolle Umgang miteinander spielt wohl auch hier wieder eine große Rolle.

Die dynamische Stadt zeichnet sich nicht nur durch ihre Geschäftswelt, touristisches Treiben und asiatische Gastronomie aus, sie macht auch wegen ihrer Kultur von sich reden.

Die Saigoner Theaterwelt

Kein Geheimtipp mehr ist das Opernhaus in Saigon, auch Municipal Theater genannt. Es befindet sich ebenfalls im Bezirk 1, den man als repräsentativen Stadtteil bezeichnen kann, und liegt nahe an Notre Dame, der Kathedrale in Saigon – die auf die Zeit zurückgeht, als Frankreich architektonische Marken setzte. Mit dem Bau des Opernhauses in französischer Bauweise wurde 1897 begonnen. Im Jahr 1900 wurde es fertiggestellt und 1995 aufwändig renoviert. Das Flair des ursprünglichen Gebäudes wurde durch die Renovierungsarbeiten nicht in Mitleidenschaft gezogen, und heute bietet das Opernhaus 800 Kulturfreunden Platz. Sie kommen hier auf ihre Kosten. Grandiose Vorstellungen erwarten die Besucher.

Über Opern und Operetten hinaus werden weitere kulturelle Genüsse offeriert. Konzerte aus unterschiedlichen Genres sind dabei, ebenso wie Theaterstücke, Tanz- und Ballettaufführungen. Mal sind es traditionelle Aufführungen mit vietnamesischem Ursprung und landeseigenen Ensembles, mal welche in internationalem Stil. Auch anspruchsvolle Akrobatik wird geboten. Mit seiner darstellenden Kunst hat das Opernhaus in Saigon ein hohes Niveau an kulturellen Angeboten geschaffen. Doch nicht nur der Genuss der Bühnendarbietungen ist empfehlenswert, auch eine Führung durch das herrliche Gebäude lohnt sich.

Die etwa 60-minütige „AO-Show" ist eine der atemberaubendsten Aufführungen des Opernhauses. Auf eindrucksvolle Weise werden die Besucher entführt in die Welt der ursprünglichen Landbevölkerung und zurück zum Beginn der Urbanisation in Vietnam. Geboten wird eine bunte Mischung aus zeitgenössischem Tanz, akrobatischen Einlagen und einem spektakulären Bambus-Zirkus, bei dem die Darsteller kunstvoll auf Bambusstangen tanzen. Die Beleuchtung und typische vietnamesische Klänge untermalen die einmalige Kunstdarbietung. Es gibt noch viele andere Veranstaltungen in diesem Opernhaus, die man zur Kulturszene zählt. Wer sich die Mühe macht, das Programm durchzusehen, findet kleine und große kulturelle Leckerbissen.

Resümee zu Saigon und seinen Wandel zur modernen Metropole

Ob als Tourist oder Geschäftsmann, man gewinnt in Saigon faszinierende Eindrücke. Die Vielfalt auf allen Ebenen lässt immer wieder erstaunen. Die Besucher treffen an einer Stelle auf modernen Luxus und Extravaganz und ein paar Meter weiter auf das ursprüngliche und traditionelle Leben der Vietnamesen. Die Gegensätze liegen oft nahe beieinander – in ein und derselben Stadt.

„Die Stadt, die niemals schläft" – dieses Attribut spricht man New York City zu. Man kann es auf Saigon nicht minder berechtigt anwenden. Die Möglichkeiten, sich die Zeit zu vertreiben, sind unbegrenzt. Shopping- und Gastronomieerlebnisse winken tagsüber, und zu später Stunde kann man sich in einer Bar entspannen. Schlendern am Ufer des Flusses Saigon macht immer Spaß. Den wenigsten Menschen werden in Saigon die 24 Stunden reichen, die ein Tag umfasst. Jeder findet hier eine Fülle von dem, was für ihn interessant ist.

Besucher können sich einer Führung anschließen oder auf eigene Faust Saigon erkunden. Einheimische sind immer hilfsbereit, falls man sich einmal verirrt. Einige wenige Worte reichen im Allgemeinen, um sich zu verständigen, oft sind es nur „bitte", „danke" und „guten Tag". Es kann auch leicht passieren, dass man sich mit Menschen, die man kurz angesprochen hat, nach wenigen Minuten in einem Café bei einem Plausch wiederfindet.

Will man Saigon erkunden, so ist das auf Schusters Rappen ebenso möglich wie auf Rädern oder per Schiff. Man kann sich Führungen anvertrauen, sei es durch historische Gebäude oder ganze Stadtteile. Eine typische Millionenstadt ist Saigon jedoch nicht. Dafür sind die Menschen zu freundlich, die Atmosphäre ist zu extravagant und die Möglichkeiten sind zu variantenreich.

Zehn Fakten zur vietnamesischen Gastfreundschaft:

1. Herzliche Begrüßung: Vietnamesen sind bekannt für ihre herzliche Begrüßung von Gästen, sei es mit einem Lächeln, einer Umarmung oder einem freundlichen Händedruck.

2. Gastfreundliche Natur: Die vietnamesische Kultur legt großen Wert auf Gastfreundschaft und Respekt gegenüber Besuchern, unabhängig von ihrem Hintergrund oder ihrer Herkunft.

3. Teilen von Mahlzeiten: Es ist üblich, dass Vietnamesen ihre Mahlzeiten teilen und Gäste dazu einladen, an gemeinsamen Tischrunden teilzunehmen, was ein Gefühl der Verbundenheit schafft.

4. Großzügigkeit beim Essen: Gastgeber zeigen oft ihre Großzügigkeit, indem sie ihren Gästen reichlich Essen anbieten und sicherstellen, dass sie sich wohl und satt fühlen.

5. Hilfsbereitschaft gegenüber Fremden: Vietnamesen sind bekannt dafür, Fremden zu helfen, sei es bei der Wegbeschreibung, bei der Suche

nach Unterkünften oder einfach nur beim Übersetzen.

6. Einladende Atmosphäre in Geschäften: In vielen Geschäften und Märkten wird den Kunden eine warme und einladende Atmosphäre geboten, was das Einkaufen zu einem angenehmen Erlebnis macht.

7. Traditionelle Teezeremonien: Gastgeber können ihre Gäste oft mit einer traditionellen Teezeremonie begrüßen, die als Zeichen der Gastfreundschaft und des Respekts gilt.

8. Fremde als Freunde betrachten: Vietnamesen haben oft eine offene Einstellung gegenüber Fremden und sind schnell bereit, sie als Freunde zu betrachten und sich mit ihnen auszutauschen.

9. Einladende Unterkünfte: Hotels, Gasthäuser und Homestays in Vietnam legen oft großen Wert darauf, ihren Gästen einen komfortablen und einladenden Aufenthalt zu bieten.

10. Abschiedsgeschenke: Es ist üblich, dass Gastgeber ihren Gästen kleine Geschenke zum Ab-

schied überreichen, um ihre Wertschätzung auszudrücken und die Bindung zu stärken.

Diese Fakten zeigen, dass vietnamesische Gastfreundschaft weit über bloße Höflichkeit hinausgeht und tief in der Kultur und dem Lebensstil des Landes verwurzelt ist.

HO CHI MINH
VIETNAM
10°46'32"N 106°42'07"E

Kapitel 6

Deutsche Einrichtungen in Saigon und das Verhältnis zu Deutschland

Die mit Abstand größte Stadt Vietnams, Saigon, prägt das Land wie keine andere. Bei der geschichtlichen Entwicklung und den zahlreichen asiatischen und fremden Einflüssen, denen Saigon in den letzten Jahrhunderten ausgesetzt war, kann das auch nicht verwundern.

So konnte es auch nicht ausbleiben, dass Deutschland, viele Jahre Exportweltmeister und noch immer eine der größten Volkswirtschaften, Verbindungen zu Saigon aufnahm und seitdem kontinuierlich pflegt. Sie gehen aber weit über die gegenseitigen Interessen hinaus, die viele andere Länder füreinander zeigen. Wo liegen die Interessen und Überschneidungen?

Natürlich gab es schon vor einigen Jahrhunderten deutsche Interessen an diesem Teil der Erde. Deutsche Händler waren im 18. und im 19. Jahrhundert ständig auf der Suche nach neuen Märkten – natürlich auch in Vietnam. Politisch und militärisch hatte Deutschland dort keine Chancen, weil die

Franzosen schon früher Einzug gehalten hatten. Neben der Wirtschaft hatte immer auch die christliche Kirche ein Interesse, sich in weiteren Gebieten auszubreiten. Das galt gleichermaßen für Südostasien, und so kamen die ersten Missionare ins Land.

Bereits in den fünfziger Jahren des letzten Jahrhunderts wurden im Rahmen eines Freundschaftsvertrages Studenten aus dem kommunistischen Nordvietnam in die damalige DDR eingeladen. In den siebziger Jahren kamen vietnamesische Facharbeiter dazu, weil Vietnam schon damals als sehr fortschrittliches asiatisches Land angesehen wurde.

Nach dem Indochinakrieg gegen die Franzosen und dem Vietnamkrieg gegen die Amerikaner nahmen Frankreich und die USA die meisten vietnamesischen Flüchtlinge auf. Als schon damals vermögende Wirtschaftsmacht wurde auch Deutschland gebeten, Flüchtlinge aufzunehmen, und gab diesem internationalen Anliegen nach etwas Zögern nach. Damals entstand der Begriff „Boatpeople", und zwar aufgrund der flüchtenden Vietnamesen über das Südchinesische Meer ins Ausland. 1979 starteten deutsche Retter an Bord des gemieteten Frachters "Cap Anamur" ihre erste Hilfsaktion, um in Seenot geratene Flüchtlinge vor Vietnam aufzunehmen. Der Name des Rettungsschiffs ging in die Geschichte ein.

In den anschließenden Jahrzehnten wurden bleibende Kontakte zwischen Deutschen und Vietnamesen geknüpft. Vietnamesische Familien blieben in Deutschland wohnen, aber vietnamesische Universitätsabsolventen gingen auch zurück in ihre Heimat. So entstanden Verbindungen, und es wurde Zeit, sie durch politisches Engagement und Einrichten von Instituten auf vietnamesischem Boden zu festigen. Gleichzeitig waren viele deutsche Staatsbürger daran interessiert, mehr über dieses Land, das sie bis dahin hauptsächlich aus den Nachrichten kannten, zu erfahren. Der Startschuss für touristische Besuche war gefallen, und auf vietnamesischem Boden entstanden die ersten Restaurants mit deutschen Speisekarten.

Offizielle deutsche Einrichtungen in Saigon

Die wichtigste offizielle Vertretung Deutschlands im Ausland ist die deutsche Botschaft beziehungsweise das Konsulat. Die Botschaft für Vietnam befindet sich, wie bei diesen Vertretungen üblich, in der Hauptstadt, also Hanoi. In Saigon gibt es aber ein effektives und sehr kompetentes Generalkonsulat, aktuell unter der Leitung von Generalkonsulin Dr. Josefine Wallat. Der Sitz des Generalkonsulats ist im Bezirk 1. zu finden, der ja ohnehin eine bedeutende Rolle spielt. Im Saigoner Generalkonsulat bekommt man das gesamte Spektrum der konsularen Dienste. Dazu gehört Hilfe bei Pass-, Ausweis- und Visaangelegenheiten, aber auch Unterstützung für deutsche Staatsbürger in Notsituationen. Für Notfälle wurde eine Telefonnummer eingerichtet, abrufbar in deutscher und englischer Sprache. Sie lautet 84 93 634 2598. Reise- und Sicherheitshinweise findet man auf der Internetseite des Auswärtigen Amtes.

Das Goethe-Institut

Das Goethe-Institut hat sich auf der ganzen Welt einen Namen gemacht. Aktuell ist es in fast 100 Ländern vertreten und sieht seine Aufgabe darin, den Menschen die deutsche Kultur und Sprache nahezubringen.

Natürlich darf es auch in Vietnam nicht fehlen. Die Einrichtung, die seit 2004 als Verein tätig ist, hat ihren Sitz in Saigon im Distrikt 3. Anfangs hieß sie noch „Deutsches Zentrum Saigon". Heute lernen dort jährlich etwa 2000 Menschen Deutsch, darunter viele Lehrer. Auch die deutsche Kultur gehört zum Portfolio des Goethe-Instituts, das eine steigende Zahl von Veranstaltungen rund um das Kulturgeschehen organisiert.

Die Internationale Deutsche Schule Ho-Chi-Minh City

Die Kurzform der Internationalen Deutschen Schule in Ho-Chi-Minh-City lautet IGS (International German School). Sie hat sich als anerkannte Auslandsschule in Saigon ebenfalls dem Lehren der deutschen Sprache verschrieben. Kinder, Jugendliche und junge Erwachsene sind die Zielgruppen. Hier kann man auch den Schulabschluss „Gemischtsprachiges Internationales Baccalaureate" (GIB) erhalten und sich damit weltweit bei Hochschulen bewerben.

Neben der Sprache werden den Schülern, die auch aus anderen Nationen stammen, weitere Fächer vermittelt, darunter Naturwissenschaften und naturkundliches Entdecken. Die Auseinandersetzung mit der Umwelt ist fester Bestandteil des Lehrplans.

Die IGS bietet eine besonders angenehme und motivierende Umgebung zum Lernen. Der Unterricht findet nämlich in einem Villenareal statt, und zwar zwischen Grünflächen, auf denen bunte Blumenbeete, Bananenstauden und Palmen für eine exotische Atmosphäre sorgen.

Das Deutschzentrum-ST in Saigon

Das Deutschzentrum ist eine privat geführte Schule und wurde im Jahr 2003 gegründet. Hier kann man die deutsche und die vietnamesische Sprache erlernen. Das Lehrangebot richtet sich an junge Erwachsene und Berufstätige. Zur Differenzierung gibt es unterschiedliche Schwierigkeitsgrade, die sich nach dem individuellen Bedarf der Lernenden ausrichten. Außerdem werden Dolmetschertätigkeiten und Übersetzungen angeboten. Ein weiterer Schwerpunkt liegt darin, die Umgangsformen zu vermitteln, damit man in Vietnam nicht in zu viele Fettnäpfe tritt. Auch wenn Vietnamesen sehr tolerant im Umgang mit Fremden sind, ist es doch schön zu wissen, wie man sich adäquat verhält.

Deutsche Gastronomie

Vietnamesische Gastronomie ist in Deutschland verbreitet. Aber wie sieht es aus, wenn man als deutscher Besucher, Langzeittourist oder Geschäftsmann in Saigon Lust auf die deutsche Küche bekommt? Da besteht kein Grund zur Sorge. Deutsche Restaurants, Bars, Kneipen und sogar Bäckereien gibt es hier – und zwar gar nicht wenige. Sogar ein German Beer House ist vertreten. Meist wird das Angebot mit anderen westlichen Speisen oder auch mit der vietnamesischen Küche kombiniert. In jedem Fall ist man kulinarisch bestens versorgt.

Resümee

Wer nach Saigon kommt, wird feststellen, dass die Verbindungen und Gemeinsamkeiten zwischen den Vietnamesen und Deutschen eng und vielfältig sind. Natürlich spielt die Sprache auch eine Rolle. Sie muss allerdings nicht perfekt sein. Wenige Begriffe und viel guter Wille ermöglichen das Notwendigste.

Es gibt eine wachsende Zahl von Langzeit-Urlaubern und Einwanderern in Vietnam. Auch internationale, darunter viel deutsche, Unternehmen senden Mitarbeiter ins Land, um in den dortigen Niederlassungen tätig zu sein. In diesen Fällen ist es von großem Vorteil, die Sprache der Einheimischen zu beherrschen und die kulturellen Eigenarten zu kennen.

Neben den offiziellen Institutionen darf man einige wesentliche Elemente für die Verbindung zwischen den Nationen nicht unterschätzen. Das sind die unzähligen privaten Veranstaltungen, Feste und kulturellen Angebote. Dazu zählt als ein Höhepunkt auch die freundliche Einladung zum Essen bei einer vietnamesischen Familie. Solche Treffen in häuslicher Umgebung erfreuen das Herz. Bei keiner anderen Gelegenheit lernt man die Menschen besser kennen. In Saigon scheint das ist viel weniger schwierig zu sein als in anderen Millionen-Metropolen, bei denen Anonymität den Alltag bestimmt. Hier ist es dagegen die Liebenswürdigkeit, die zählt.

Hier sind einige deutsche Einrichtungen in Saigon:

1. Deutsche Botschaft in Vietnam: Die Deutsche Botschaft in Vietnam befindet sich in Ho-Chi-Minh-Stadt (Saigon) und bietet konsularische Dienste sowie Unterstützung für deutsche Staatsbürger in Vietnam.

2. Deutsche Internationale Schule Ho Chi Minh City (ISHCMC): Die Deutsche Internationale Schule in Saigon bietet eine deutsche und internationale Bildung für Schülerinnen und Schüler vom Kindergarten bis zur Oberstufe.

3. Deutsche Industrie- und Handelskammer (AHK Vietnam): Die AHK Vietnam unterstützt deutsche Unternehmen bei ihrem Engagement in Vietnam und fördert den deutsch-vietnamesischen Handel und die Wirtschaftsbeziehungen.

4. Deutsche Restaurants und Bäckereien: In Saigon gibt es eine Reihe von deutschen Restaurants und Bäckereien, die deutsche Küche und Backwaren anbieten, darunter Bierhäuser, Brauereien und Cafés.

5. Deutsche Unternehmen und Niederlassungen:
    Es gibt verschiedene deutsche Unternehmen
    und Niederlassungen in Saigon, die in verschie-
    denen Branchen tätig sind, von Automobilin-
    dustrie bis hin zu Ingenieurwesen und Techno-
    logie.

6. Deutsche Kulturzentren und Vereine: Deutsche
    Kulturzentren und Vereine in Saigon bieten
    Veranstaltungen, Kurse und kulturelle Pro-
    gramme für die deutsche Gemeinschaft und In-
    teressierte an deutscher Kultur.

7. Deutsche Ärzte und Gesundheitseinrichtungen:
    Es gibt deutsche Ärzte und Gesundheitseinrich-
    tungen in Saigon, die deutsche medizinische
    Standards und Dienstleistungen anbieten, so-
    wie deutschsprachige Ärzte und Gesundheits-
    dienstleistungen für deutschsprachige Expats.

8. Deutsche Handelsunternehmen und Importeu-
    re: Deutsche Handelsunternehmen und Im-
    porteure in Saigon bieten deutsche Produkte
    und Dienstleistungen für den lokalen Markt
    und den Export nach Deutschland an.

9. Deutsche Sprachschulen und Lehrer: Es gibt deutsche Sprachschulen und Lehrer in Saigon, die Deutschunterricht für alle Altersgruppen und Niveaus anbieten, sowie Sprachkurse für deutsche Sprache und Kultur.

10. Deutsche Community und Netzwerke: Die deutsche Gemeinschaft in Saigon ist aktiv und organisiert verschiedene Veranstaltungen, Treffen und Netzwerke für Deutsche und deutschsprachige Expats, um sich auszutauschen und zu vernetzen.

Diese Liste zeigt, dass die deutsche Gemeinschaft in Saigon gut etabliert ist und eine Vielzahl von Dienstleistungen, Einrichtungen und Ressourcen für Deutsche und deutschsprachige Expats bietet.

Kapitel 7

Die faszinierende und aufstrebende Geschäftswelt Saigons

Vietnam wird in der heutigen Zeit weltweit viel beachtet und als aufstrebendes Schwellenland anerkannt. Die positive Bevölkerungsentwicklung mit einem hohen Anteil an jungen Leuten sorgt für die entsprechende Dynamik. Diese Tendenz schlägt sich auch in der Statistik nieder. Entgegen dem weltweiten Trend verzeichnete die Wirtschaft im Jahr 2022 ein Wachstum von knapp über 8 % gegenüber dem Vorjahr. 2023 soll das Bruttoinlandsprodukt Vietnams laut Einschätzung der Weltbank um etwas über 6 % steigen. Das sind im internationalen Vergleich starke Zahlen.

Auch Deutschland profitiert von dieser außerordentlichen Wirtschaftskraft Vietnams. Momentan sind es etwa 500 deutsche Unternehmen mit 50.000 Arbeitsplätzen, die dort tätig sind. Eine solche Zahl kommt nicht von ungefähr zustande. Sie ist das Resultat einer exzellenten unternehmerischen Infrastruktur, die für Beratung und Unterstützung zur Verfügung steht. Das entscheidende

Wirtschaftszentrum in Vietnam ist neben der Hauptstadt Hanoi die Metropole Saigon.

Saigon als Standort für Unternehmen

Saigon hat in den vergangenen drei Jahrzehnten einen atemberaubenden Aufstieg zu einer beeindruckenden Wirtschaftsmetropole vollbracht. Ganz oben auf der Liste der Argumente für Saigon steht die Tatsache, dass sich bereits tausende Firmen aus aller Welt für diesen Standort als Zentrale für ihre Aktivitäten in Südostasien entschieden haben. Die Rahmenbedingungen und die Infrastruktur scheinen also perfekt zu sein.

Dazu kommt, dass die Vielfalt der Branchen, die sich hier angesiedelt haben, nahezu unbeschränkt ist. Der Straßenhändler um die Ecke ist genauso vertreten wie der multinationale Konzern, der Lederwarenverkäufer mit seinem kleinen Stand ebenso wie große Industrie- und IT-Unternehmen. Auch international ausgerichtete Handelsriesen haben sich für Saigon als Standort entschieden, neben Firmen im Dienstleistungssektor. Das allein zeigt schon, dass Saigon sich als exzellenter Unternehmenssitz etabliert hat. Jedes aufstrebende Unternehmen sollte dieses Land in seine Überlegungen zur Expansion einbeziehen.

Erste Schritte zum Aufbau eines Unternehmens in Saigon

Die erste Überlegung für den Unternehmensaufbau in Saigon ist, ob es dort einen Markt für die Geschäftsidee gibt. Auch hier gilt für den angehenden Unternehmer: „Der Köder muss dem Fisch schmecken, nicht dem Angler."

Um den Bedarf zu klären, ergibt es Sinn, eine Marktanalyse durchzuführen, auch wenn das teuer sein kann. Alternativ oder zusätzlich lohnt sich der Versuch, von erfahrenen Wirtschaftsfachleuten vor Ort Hinweise zu erhalten.

Die örtlichen Gepflogenheiten sowie vietnamesische Sitten und Gebräuche sollten grundsätzlich bekannt sein. Geschäftsleute sollten die Sprache so gut wie möglich beherrschen. Für den ersten Kontakts sind diese Kompetenzen der Türöffner zum Kunden. Laute und fordernde Töne sind die falschen Verkaufstechniken. Erfolg hat man eher, wenn man für das Produkt oder die Dienstleistung die Vorzüge und den Mehrwert in ruhiger Gelassenheit präsentiert. Natürlich verbunden mit einem freundlichen Lächeln.

In jedem Fall muss ein Unternehmensaufbau in Saigon gut vorbereitet werden. Allein gelassen wird man damit jedoch nicht. Deutschland hat vor Ort bereits für eine effektive wirtschaftliche Infrastruktur gesorgt.

Das Deutsche Haus in Saigon

Das Deutsche Haus fällt auf, weil es mit seinem besonderen Stil unter den zahlreichen Geschäftskomplexen und Wolkenkratzern hervorsticht. Die Rede ist von einem sehr sehenswerten Gebäude im Zentrum Saigons, gegenüber dem US-amerikanischen Generalkonsulat. Der offizielle Name lautet „Deutsches Haus Ho-Chi-Minh-City". Es soll vor allem die wirtschaftliche Verflechtung und die Zusammenarbeit von Vietnam und Deutschland repräsentieren. Diesen Zweck erfüllt es auch.

Im Rahmen der Einweihungsfeier des Deutschen Hauses am 29. März 2019 wurde das 25-jährige Jubiläum der „Delegation der deutschen Wirtschaft" in Saigon gleich mitgefeiert. Sie hat ihren Sitz im selben Gebäude.

Das Haus umfasst 25 Stockwerke, dazu kommt eine Tiefgarage mit vier Etagen. In erster Linie handelt es sich um ein Geschäfts- und Bürogebäude, aber es beinhaltet auch Vertretungen von deutschen Instituten und politische Einrichtungen. Ein Beispiel ist das Generalkonsulat, das sich im 6. Stock befindet.

Das Deutsche Haus fungiert als Zentrum für wirtschaftliche Angelegenheiten in Saigon, zum Beispiel als Sitz von Firmen und Institutionen oder auch als Ausgangspunkt für Investitionen, die in Saigon getätigt werden. Es gibt schon eine Menge Unternehmen, die dort gelistet sind. Adidas, Bosch und die Deutsche Bank gehören dazu, aber auch Siemens, der Handelskonzern REWE und der Finanzdienstleister VISA. Zu den Institutionen zählen das Goethe-Institut, die KfW-Bank und die Gesellschaft für wirtschaftliche Zusammenarbeit (GIZ). Insgesamt sind es etwa 110 Firmen, die hier vertreten sind, und die Tendenz steigt.

Hier wird man als Unternehmer fündig, wenn man einen Firmensitz sucht, wenn man Unterstützung braucht und wenn man erste Informationen für den geschäftlichen Start einholen möchte. Sogar ein extra Bereich für Start-Ups wurde nicht vergessen. Neben einer Firmenadresse gibt es auch die Möglichkeit, Räumlichkeiten für Meetings, Veranstaltungen oder eine sonstige kurzfristige Nutzung zu mieten. Das Deutsche Haus ist eine rundum gelungene Sache.

Dass sich Deutschland auch hier engagiert, kann nicht verwundern. Denn immerhin ist es der größte Handelspartner Vietnams innerhalb der EU, und die meisten Einfuhren aus Vietnam in die EU landen erst einmal in Deutschland. Gleichzeitig ist das Potenzial der ASEAN-Staaten, zu denen Vietnam gehört, größer als das der EU und Nordamerikas. ASEAN ist das Kürzel für den Verband Südostasiatischer Nationen, deren Mitglieder sich einen gemeinsamen Wirtschaftsraum nach dem Vorbild der EU geschaffen haben.

Jedes Unternehmen, das nach Vietnam expandiert, hat gute Chancen für seine Geschäfte. Die Kultur, der freundliche Umgangston und das warme Wetter könnten als weitere motivierende Faktoren fungieren.

Die Außenhandelskammer in Vietnam und die German Business Association

Zu den wichtigen Institutionen gehört die Delegation der Deutschen Wirtschaft in Vietnam. Hinter dem Begriff verbirgt sich die Außenhandelskammer (AHK), die ein Teil des Netzwerks der Deutschen Industrie- und Handelskammern (DIHK) ist.

Die AHK besitzt Büroräume im Deutschen Haus und ist einer der Hauptakteure bei der Beratung von Firmen in Vietnam. Als Institution ist die AHK Vietnam die offizielle Vertretung der deutschen Wirtschaft. Das übergeordnete Ziel ist es, Mittler zu sein zwischen Unternehmen in den Standorten Vietnam und Deutschland. Um das zu erreichen, bietet sie vielfältige Dienstleistungen an. Dazu gehören auch Informationen zu Firmengründungen. Weiterhin unterstützt sie die Suche nach Kunden, Lieferanten und Geschäftspartnern. Dazu wurde ein Online-Portal geschaffen. Ein weiterer Service ist die Durchführung von Markterhebungen. Zudem hilft sie bei der Auswahl von passenden Produktions- und Investitionsstandorten. Dass jährlich circa 700 Unternehmen diese Dienstleistungen in Anspruch nehmen und davon profitieren, spricht für die AHK ebenso wie für den Standort Saigon.

Einmal im Jahr publiziert die AHK eine Broschüre mit den neuesten Daten und Fakten zur wirtschaftlichen Entwicklung in Vietnam und speziellen Informationen über die einzelnen Standorte. Auch neue Unternehmen werden darin vorgestellt. Insgesamt ist diese Broschüre mit ihren aufwändigen Recherchen ein gut nutzbares Medium.

Weil es in dem Bereich der Beratung und Unterstützung von Firmen so viel zu tun gibt, kooperiert die AHK mit einer anderen Institution, nämlich der German Business Association (GBA). Deren Sitz ist ebenfalls im Deutschen Haus.

Im Gegensatz zur AHK ist die GBA eine Mitgliederorganisation und kann damit auf einen Fundus von mehreren hundert Mitgliedsunternehmen zurückgreifen. Die GBA agiert bereits seit 1995. Anfangs war sie nur in der Hauptstadt Hanoi vertreten, später wurde das zweite Büro in Saigon eröffnet. In fast 30 Jahren sammelte sie eine große Menge an Wirtschaftswissen an. Dieses Know-how und die Kooperation mit der Außenhandelskammer beziehungsweise der Delegation der Deutschen Wirtschaft bieten beste Voraussetzungen für unternehmerischen Erfolg.

Juristische Vorgaben und Gesetze

Rechtliche Voraussetzungen für eine Unternehmensgründung in Vietnam muss man prüfen lassen. Wie in Deutschland, gibt es unterschiedliche Unternehmensformen. Zu nennen sind vor allem die Private Enterprise (PE), die Einzelpersonen oder Gesellschaften gehören kann, und die Gesellschaftsform Partnership, die in etwa unserer KG oder OHG entspricht. Die von ausländischen Unternehmern am meisten genutzte Form ist die Limited Liability Company (LLC), die das Pendant zur deutschen GmbH ist.

Auch wenn Saigon im höchsten Maße modern und fortschrittlich ist, gibt es Vorschriften, die sich nicht genau mit Regelungen aus der europäischen Welt decken. Schwierig kann es werden, wenn der Warenhandel über Grenzen hinweg getätigt wird. Deshalb ist es ratsam, sich über die juristischen und sozialen Vorgaben zu informieren. Unter anderem ist dafür das Deutsche Haus mit seinen Institutionen der richtige Ansprechpartner. Die Außenhandelskammer AHK und die German Business Association sind weitere verlässliche Ansprechpartner, die auf kompetente Kanzleien und Wirtschaftsberater verweisen können.

Saigon bietet ein riesiges Chancenpotential als Wirtschaftsstandort

Vietnam ist im Fokus der Deutschen. Nicht nur, was den Urlaub angeht, sondern auch im Bereich der Unternehmensgründung. Denn dass der vietnamesische sowie der südostasiatische Markt überhaupt boomt, weiß inzwischen jeder, der sich mit einer Neugründung oder Erweiterung einer Firma im Ausland beschäftigt. Manchmal herrscht sogar so etwas wie eine Goldgräberstimmung. Aber es ist trotzdem Vorsicht geboten. Manche Deutschland-Auswanderer dachten, sie könnten sich dort ohne große Vorbereitung eine Existenz aufbauen. Sie hatten aber nicht einmal englische Sprachkenntnisse. Entsprechend standen sie vor einigen Schwierigkeiten.

Die Chancen, in Saigon eine Firma zu gründen und sich damit sogar eine reelle Existenz auf Jahre hinaus aufzubauen, sind enorm. Der Markt ist riesig, die Infrastruktur ist ausgezeichnet, die Digitalisierung ist kein Neuland und die Unterstützung, die man dort durch die deutschsprachigen Institutionen bekommt, ist vorbildhaft.

Die Arbeitsgesetze sind übersichtlich und liberal. Außerdem trifft man auf eine Arbeitnehmerschaft,

die außerordentlich engagiert ist. Sehr gut ausge-
bildete junge Leute, die teilweise von der Bil-
dungspartnerschaft zwischen Deutschland und
Vietnam profitiert haben, finden sich ebenso auf
dem Arbeitsmarkt wie erfahrene Facharbeiter.

Kapitel 8

Reiseland Saigon

Vietnam als Urlaubsziel boomt. Immer mehr Menschen möchten dieses unglaublich vielfältige Land besuchen, das sich inzwischen hervorragend auf den wachsenden Tourismus eingestellt hat. Reiseveranstalter ersinnen immer ideenreichere Reisevariationen, die für jeden Urlaubstyp etwas anbieten. Dieses Kapitel handelt von einer der interessantesten Urlaubsregionen dieser Welt.

Reisevorbereitungen

Sich vor der Reise zu informieren ist immer richtig. Wenn man dann vor Ort etwas nicht weiß oder vermisst, darf man mit der Spontaneität und Hilfsbereitschaft der Einwohner rechnen. Ein Aufenthalt in Vietnam wird zu den bedeutendsten Erfahrungen gehören und sich tief ins Gedächtnis eingraben, und zwar mit positiven Vorzeichen

Vietnam – mehr als nur eine Reise wert

Andere Länder, andere Sitten – das gilt natürlich auch für Vietnam. Wer sich vorher über die gängigen Verhaltenskodexe informiert, ist auf der sicheren Seite.

Der Norden Vietnams ist subtropisch, der Süden mit Saigon gehört zu den Tropen. Hier kann man schlecht von Jahreszeiten sprechen. Vielmehr unterscheidet man in Vietnam zwischen der Regenzeit von April bis Oktober und den eher trockenen Monaten von November bis März. Das kann natürlich noch innerhalb des Landes variieren, denn es geht um ein Gebiet, das sich von Norden bis Süden über circa 1.600 Kilometer erstreckt.

Die bisweilen sehr hohe Luftfeuchtigkeit und häufig auftauchender Regen unterscheiden diese Gegend gravierend vom deutschen Klima. Es gibt oft heftige Schauer, die aber normalerweise nicht lange anhalten. Eine Ausrüstung für Spaziergänge im Regen ist jedoch unabdingbar.

Gleichzeitig ist die Trockenphase, während der in Deutschland die kalten Monate herrschen, reizvoll für eine Auszeit in warmen Gefilden. Tatsächlich ist der Ansturm von Urlaubern in der trockenen Periode höher.

Im Dezember und im Januar ist es auch in Saigon etwas kühler, wobei der Begriff „kühler" noch immer eine Spanne von etwa 23 bis 31 Grad Celsius im täglichen Mittel bedeutet. Für viele Reisende sind wohl die trockenen Monate angenehmer, vor allem bei den Ausflügen zu den Sehenswürdigkeiten Saigons. Auch das Schlendern durch die Straßen mit den vielen Verkaufsständen und das Shoppen in den Geschäften mit den üppigen Angeboten scheint in dieser Zeit mehr Spaß zu machen. Die Abende sind lauwarm und laden zum Aufenthalt im Freien ein.

In diese Zeit fallen Weihnachten und der Jahreswechsel. Sie hier zu erleben, ist ein besonders reizvolles Ereignis, das sich stark von den europäischen kulturellen Gepflogenheiten abhebt. Gleichzeitig finden sich auch christliche Gemeinden, bei denen man den vertrauten Ablauf findet.

Auf den Straßen bewegen sich am Jahresende und zu Beginn des neuen Jahres besonders viele Touristen. Das Gleiche gilt für die Zeit von Ende Januar bis Mitte Februar, wegen des vietnamesischen Neujahrsfests. Viele Vietnamesen, die im Ausland leben, kommen eigens deshalb zurück in ihre Heimat. So kann es in dieser Zeit sogar schwierig werden, günstige Flüge in den fernen Osten zu bekommen. Wer es ruhiger mag, plant seinen Urlaub zu einer anderen Zeit oder verlängert ihn bis in die Zeit, in der der vietnamesische Alltag wieder eingetreten ist.

Für jeden Urlaubstyp ist gesorgt

Urlaub ist nicht unbedingt gleich Urlaub. Jeder hat wohl sein eigenes Bild davon, was Erholung bedeutet. Die einen mögen den All-Inclusive-Urlaub im Luxus- oder Wellnesshotel, verbunden mit Sonnenbaden an einem der schönsten Strände dieser Welt. Die anderen bevorzugen eine individuelle Reise per Bus oder Bahn, um die faszinierenden Gegenden bis hinein in abgelegene Gebiete zu erkunden. Auch eine Städtereise nach Saigon mit überraschenden Erlebnissen und märchenhaften kulturellen Eindrücken in einer atemberaubenden Metropole ist oft gefragt.

Welcher Urlaubstyp man auch ist – Angebote gibt es mehr als genug. Vermutlich reicht ein Leben nicht, um Vietnam kennenzulernen, wahrscheinlich nicht einmal für Saigon allein.

Die übliche Art, in das Land einzureisen, besteht im Landen auf dem Flughafen. Dafür stehen Hanoi im Norden, Da Nang in Zentralvietnam und Saigon im Süden zur Verfügung. Von Deutschland aus gibt es Flüge von mehreren deutschen Flughäfen aus, zum Beispiel Berlin, München und Frankfurt. Unter 45 Tagen Aufenthalt in Vietnam benötigt man kein Visum. Mit Visum liegt die Höchstdauer des Aufenthalts bei drei Monaten.

Die Einreisebestimmungen können sich kurzfristig ändern. Am besten erkundigt man sich kurz vor der Reise noch einmal danach. Das Auswärtige Amt stellt auf seiner Internetseite aktuelle Informationen zur Einreise nach Vietnam bereit.

Saigon als Zentrum des Urlaubs

Saigon hält eine Vielzahl von Unterkünften bereit, solche mit einfachen Standards für Rücksacktouristen bis hin zum First-Class-Hotel mit Wohlfühlangeboten. Saigon bietet eine Menge an unvergesslichen Aktivitäten und Sehenswürdigkeiten. Aufsehenerregende Gebäude mit interessanter Architektur entführen den Besucher in verschiedene Epochen der letzten Jahrhunderte. Dazu kommt eine

Fülle von Museen, darunter das Kriegsopfermuseum. Es zeigt beeindruckende, wenn auch teilweise bedrückende Bilder und Erläuterungen zum Vietnamkrieg. Die Vietnamesen sehen die Kriege, an denen sie beteiligt waren, heute mit Abstand und auch differenziert. Sie vergessen dabei nicht, dass sie als Sieger hervorgingen. Darauf sind sie stolz. Das drücken sie auch in diesem Museum aus.

Für einen Aufenthalt in Saigon sprechen auch die kulturellen Darbietungen und die vielfältigen Möglichkeiten für kulinarische Genüsse, verbunden mit einzigartigen Shoppingerlebnissen.

Die berühmte Altstadt Saigons darf nicht unerwähnt bleiben. Auch wenn auf den ersten Blick atemberaubende Wolkenkratzer die Skyline dominieren, so gibt es doch auch Sträßchen mit malerischen Gebäuden aus längst vergangenen Zeiten. Man muss sich nur die Mühe machen, sie aufzusuchen und das Kopfsteinpflaster der engen Gassen zu akzeptieren. Einkaufslokalitäten wie der Ben-Thanh-Markt, buddhistische Pagoden und hinduistische Tempel ergänzen das Bild, das Saigon dem Touristen bietet.

Nicht entgehen lassen sollte man sich den spektakulären und unvergesslichen Ausblick über die Millionenmetropole. Den bekommt man in einer Höhe von 178 Metern auf dem Saigon Skydeck des 49. Stockwerks im Bitexco Financial Tower. Er ist ein visueller Genuss, in welche Himmelsrichtung man auch blickt.

Von Saigon aus bieten sich Ausflüge ins Hinterland, in die Umgebung oder das einzigartige Mekongdelta an. Alles ist mit kleinen Bussen und Taxis wie auch mit Mopeds und Motorrädern zu erreichen. Zudem kann man Führungen buchen. Dabei sollte man sich an offizielle Unternehmen wenden oder das Hotel um Adressen bitten, damit man nicht mehr bezahlt, als es üblich ist.

Für Sightseeing auf dem Wasser stehen Schiffstouren und Kanufahrten bereit, die noch einmal einen anderen Blickwinkel auf das geschäftige Treiben und die traumhafte Atmosphäre In Saigon möglich machen.

Viel Besucher informieren sich im Vorfeld per Internet. Allerdings haben auch die Hotels entsprechende Tipps und die richtigen Verbindungen.

Selbst Autofahren in Saigon

In einem der vorigen Kapitel wurde das „Abenteuer Autofahren" in Vietnam schon einmal beschrieben. In einer Millionenstadt wie Saigon ist dieses Abenteuer besonders intensiv.

Grundsätzlich ist es Ausländern in Vietnam nicht gestattet, sich selbst hinter den Lenker eines Fahrzeugs zu setzen. Doch es gibt Ausnahmen, die für das Selberfahren gelten.

Die Behörden überlegten wohl, dass Autofahren erheblich größere Freiheit beim Erkunden dieses hochinteressanten Landes gewährt. Um das Klientel der selbstfahrenden Touristen nicht zu verlieren, wurden also Möglichkeiten geschaffen.

Welche Dokumente benötigt man zum Autofahren?

Der normale deutsche oder europäische Führerschein reicht nicht. Meist wird auch der Internationale Führerschein, den man bei der Führerscheinstelle in Deutschland beantragen kann, nicht anerkannt. In aller Regel muss man den vietnamesischen Führerschein beantragen. Dieser kann aber normalerweise auf Basis des vorhandenen Führerscheins ausgestellt werden.

In Saigon erledigt man das beim „Office of Transportation". Dazu benötig man folgende Dokumente:

- Eine Kopie des Führerscheins und eine des Reisepasses
- Ein Visum, das dazu berechtigt, drei Monate in Vietnam zu bleiben. Das gilt auch dann, wenn man wegen einer kürzeren Urlaubszeit eigentlich kein Visum braucht.
- Mindestens drei Lichtbilder
- Eventuell den Nachweis einer gültigen Auslandskrankenversicherung, die man jedoch ohnehin abgeschlossen haben sollte.

Mit diesen Unterlagen erhält man das Dokument im Normalfall. Für die Bearbeitung werden etwa sieben Tage benötigt.

Mieten eines FahrzeugS

Die Mietfahrzeuge sind meist in einem guten Zustand und mit einem Navigationsgerät auf aktuellem Stand ausgestattet. Dieses hilft definitiv beim Erkunden und Finden der Ziele. Autovermietungen gibt es ausreichend. Hier sollte man wiederum darauf achten, zu offiziellen Autovermietern zu gehen. Das bietet Sicherheit und garantiert adäquate Bezahlung.

Natürlich muss man auch in Vietnam den Wagen bei der Übergabe überprüfen und Mängel dokumentieren. Am besten fotografiert man das Fahrzeug, ob mit oder ohne Mängel, vor der Fahrt.

In vielen Fällen verlangen die Vermieter Bargeld, und das Auto muss in vollgetanktem Zustand zurückgebracht werden.

Empfehlenswert ist, eine zusätzliche Versicherung für alle Gefahrenquellen abzuschließen und genau darauf zu achten, was sie beinhaltet. So vermeidet man im Schadensfall Unannehmlichkeiten.

Trotz dieser Hinweise ist es nicht so, dass man in Vietnam mehr als in anderen Ländern damit rechnen muss, übervorteilt zu werden. Vielmehr handelt es sich im Wesentlichen um die gleichen Punkte, die man bei einer Fahrzeugmiete im europäischen Ausland auch beachten sollte.

Was gibt es noch Wichtiges zu erwähnen? Die Alkoholgrenze beim Autofahren liegt bei 0,0 Promille. Verstöße dagegen werden hart und im Vergleich zu Deutschland sogar sehr hart bestraft. Dagegen liegt die Promillegrenze beim Motorradfahren bei 0,5. In Anbetracht des leicht chaotischen Straßenverkehrs sind beide Regelungen wohl angebracht.

Wer Ausflüge in abgelegene Gebiete macht, muss mit schlechten Straßen rechnen. Das ist nicht überall der Fall, aber wenn, dann ist vorsichtiges Fahren geboten. Es ist gut, sich vorher zu erkundigen. Hotels wissen meistens über die Straßenverhältnisse gut Bescheid.

Man muss wissen, dass es verbotene Regionen gibt. Dazu gehören militärisch genutzte Gebiete. Aber oftmals sind sie nicht gut gekennzeichnet. Das gilt auch für manche Grenzregionen. Für alle, die dort nicht arbeiten oder ein berechtigtes Anliegen haben, sind sie tabu – also für die meisten Menschen und ganz bestimmt für Touristen.

Mit der entsprechenden Vorbereitung, der gewährten Fahrerlaubnis und einem gemieteten Fahrzeug kann es losgehen – das Autofahren in Vietnam. Stress vermeidet man am besten, indem man sich vor Augen hält, dass Verkehrsregeln oftmals nur als Optionen betrachtet werden und sich darauf einstellt. Auf seinem Recht beharren führt im Straßenverkehr Vietnams nicht ans Ziel. Dafür wird die Autofahrt zu einem ganz besonderen Erlebnis – und das muss gar nicht negativ sein. Denn die Menschen kommen auch auf den Straßen gut miteinander aus, weil die Verständigung klappt.

Sicherheit im Reiseland Vietnam

Vietnam gilt als sehr sicheres Land mit niedriger Kriminalitätsrate. Trotzdem sollte man eine gewisse Vorsicht walten lassen. Gerade in den großen Städten kann es zu Taschendiebstahl kommen. Die üblichen Vorsichtsmaßnahmen, die man in allen Millionenstädten dieser Welt trifft, sind auch hier angebracht. Nur weil die Menschen in den allermeisten Fällen freundlich und hilfsbereit sind, darf man die Gefahr nicht unterschätzen. Also heißt es, Geldscheine nicht zur Schau stellen, keine goldenen Kettchen oder Uhren aufblitzen lassen und den Geldbeutel in den Innentaschen verstauen.

Eine weitere Gefahr besteht bei Glücksspielen auf der Straße. Dazu sollte man sich nicht verleiten lassen. Es gibt nur einen, der dabei gewinnt – und das ist nicht der zum Glücksspiel verleitete Tourist.

Wo sollte man noch Risikominimierung walten lassen? Das ist in den wunderschönen, herrlich klaren und warmen Gewässern des Landes der Fall. Seeigel, Quallen oder sonstiges Meeresgetier können sehr unangenehm werden und auch heftige Schmerzen verursachen. Zugängliche Bereiche des Meeres, Seen und Flüsse sollte man meiden, wenn man sich über deren Bewohner nicht sicher ist.

Wer jedoch dem verführerischen Locken eines erfrischenden Bades nicht widerstehen kann, sollte Schwimm- oder Badeschuhe tragen.

Resümee

Eine Reise nach Vietnam wird für immer unvergesslich bleiben. Wer All-Inclusive bucht, wird All-Inclusive bekommen. Denn Gastfreundschaft steht bei den vietnamesischen Menschen ganz oben auf der Liste. Wer eine individuelle, eigenständige Reise bucht, wird sie ebenso erhalten – und darf sich sicher sein, dass immer jemand da ist, der ihm zur Seite steht, wenn Hilfe erforderlich ist.

In Vietnam und die Menschen dort kann man sich schnell verlieben. Die Eindrücke von außergewöhnlicher Freundlichkeit und Höflichkeit bleiben im Herzen, und das Miterleben einer faszinierenden fremden Kultur wirkt noch lange nach. Die meisten Landschaften rauben dem Betrachter den Atem. Viele Dinge sind so ganz anders als in Deutschland und gerade deshalb auch so liebenswert.

Kapitel 9

Das besondere kulinarische Erlebnis: die vietnamesische Küche

Sie ist auch in Deutschland sehr bekannt – die vietnamesische Küche. Zumindest das, was man in Deutschland dafürhält. Wie immer im gastronomischen Bereich, gibt es Angebote in verschiedenen Klassen. Doch sie bieten nur einen kleinen Ausschnitt davon, was Ernährung und kulinarischer Genuss in Vietnam bedeuten.

Wer nach Saigon kommt, kann die unglaubliche Vielfalt der vietnamesischen Küche erleben. Man könnte täglich etwas anderes essen, egal, wie lange man sich im Land aufhält. Wiener Schnitzel mit Pommes sind allerdings auch vertreten. Aber was macht die vietnamesische Küche so besonders?

Kräuter – die natürlichen Geschmacksverstärker

Die Vielfalt der vietnamesischen Kulinarik rührt zunächst einmal von den unterschiedlichen Einflüssen, die aus anderen Ländern stammen. Auch hier waren beispielsweise die Franzosen im Spiel. Aber es gibt auch verschiedene regionale Gerichte, die sich in vielen Restaurants vereint auf der Speisekarte wiederfinden. Als Folge davon kann man in Saigon jedes Gericht traditionell oder leicht abgewandelt genießen.

Manche Restaurants bieten die Speisen sogar milde gewürzt an, damit sie für den europäischen Gaumen leichter bekömmlich sind. Denn eines ist klar: Die vietnamesische Küche spielt mit Gewürzen und geschmacksintensiven Zutaten in einer Vielfalt, die in deutschen Gefilden in dieser Ausprägung kaum zu finden ist. Oft sind das keine Gewürze, die aus der Dose vom Supermarkt stammen, sondern eigene Zusammenstellungen. Dafür verwendet man die typischen regionalen Kräuter, deren natürliche Frische und Würze deutlich zu schmecken ist. Sie vermitteln den einzigartigen Geschmack. Welche sind das?

Einige der wichtigsten Kräuter

- Minze – Hung Cay
  Die Minze verfügt in Vietnam über ein deutlich intensiveres Aroma, als es in europäischen Tees zu finden ist. Sie passt besonders gut zu Reis- und Nudelgerichten und Salaten.

- Koriander – Rau Ram
  Im Gegensatz zur deutschen Küche wird Koriander hier fast immer eingesetzt. Die vietnamesische Korianderart beinhaltet ein interessantes Gegenspiel von Milde und Intensität und zudem eine interessante Moschusnote. Koriander wird meist nur in geringer Menge beigefügt, und auch erst gegen Ende des Kochvorgangs.
- Melisse – Kinh Gioi
  Sie wird in Vietnam ebenfalls sehr viel häufiger beim Kochen verwendet als in deutschen Küchen, wo sie fast nur als Zitronenmelisse vorkommt. In Vietnam wird Melisse in der Regel roh verwendet und oft den Suppen beigefügt.
- Zitronengras – Xa
  Zitronengras gilt in Vietnam auch als Heilkraut und findet sich aufgebrüht in Tees wieder. Aber auch in Rezepten für Fleisch- und Currygerichte wird es verwendet. Dabei wird nur der weiche, fleischige Teil der Pflanze im Gericht verarbeitet. Der harte Teil wird als Aromabeigabe mitgekocht, jedoch nicht serviert.
- Molchschwanz oder auch Fischminze – Diep Ca

Diese Zutat kommt in Deutschland kaum zum Einsatz, und zwar deshalb, weil das Kraut als Kochzutat unbekannt ist. Wegen seines starken Fischaromas wird der Molchschwanz vor allem in Fischgerichten oder Fischsuppen verwendet, aber auch bei einigen Fleischgerichten. Dieses Kraut gilt als Heilmittel bei Magen- und Verdauungsproblemen.

- Perilla – Tia To
Man kennt dieses Gewächs auch als Schwarznessel oder Shisho. Geschmacklich ähnelt es dem Anis und passt prima zu Fischgerichten und Reisnudeln. Es wird mit seinem hohen Gehalt an Vitaminen, Eisen und Calcium ebenfalls als Heilpflanze verwendet.

- Thai-Basilikum – Rau Que
Der Name führt ein wenig in die Irre. Thai-Basilikum hat mit dem in Deutschland bekannten Basilikum wenig zu tun, der Geschmack geht ebenfalls in Richtung Anis. Das Gewürz gehört standardmäßig in die vietnamesische Küche und ist typisch für sie. Eingesetzt wird es klassischerweise bei der Nudelsuppe Pho.

- Das Pfefferblatt – La Lot
  Rinder- und Schweinehack, eingewickelt in Pfefferblätter und gegrillt auf Holzkohle – das ist eine Spezialität, die weder im Restaurant als Vorspeise noch am Streetfood-Stand zum Sattessen fehlen darf. Die Röllchen können fest oder leicht eingewickelt sein. Pfefferblätter schmecken, ganz namensgerecht, nach Pfeffer, und zwar intensiv.

Das sind die wichtigsten Zutaten für die vietnamesische Küche. Dass fast alle Kräuter auch als Heilpflanzen verwendet werden, zeigt die Naturnähe der Vietnamesen. Das ist auch ein Grund dafür, dass sie beim Kochen ausschließlich natürliche Zutaten verwenden.

Streetfood – der kulinarische Klassiker auf Vietnams Straßen

Streetfood ist aus der vietnamesischen Küche nicht wegzudenken. Eher ist es als wesentlicher Bestandteil der vietnamesischen Kultur anzusehen. Das Angebot an Speisen, die man direkt an Ständen auf der Straße erhält, ist riesig, und die geschmackliche Vielfalt unbeschreiblich.

Europäer sind oftmals vorsichtig, wenn sie an Streetfood denken. Schuld daran sind Schauergeschichten, die davon handeln, dass Ortsfremde sich den Magen damit verdorben hätten oder etwas zu sich nahmen, was sie lieber nicht gegessen hätten, und zwar ohne über den Inhalt informiert worden zu sein.

Doch für Streetfood in Vietnam trifft beides nicht zu. Die Verkaufsstände achten sehr genau auf Hygiene und Sauberkeit. Sie sind sich bewusst, dass es auch darum geht, eine Jahrhunderte alte Tradition zu bewahren, die von Generation zu Generation weitergegeben wurde.

Natürlich kann jeder darauf schauen, ob seinem Empfinden nach genügend Hygieneregeln eingehalten werden. Das heißt, dass verderbliche Speisen korrekt aufbewahrt werden, Fleisch durchgebraten serviert und fertiges Essen auch gleich verzehrt wird. Ein Getränk sollte am besten in der Flasche gekauft werden. Das sind aber Standardregeln, die man überall beachten würde – auch in der Fußgängerzone in Köln.

Streetfood hat sich so etabliert, dass es nahezu überall angeboten wird, also nicht nur in den Metropolen und Städten, sondern auch in kleinen Dörfern und oft an Stellen, wo man es erstmal nicht vermuten würde. Bei vielen handelt es sich um einzelne Stände, aber gibt es auch ganze Streetfood-Märkte, zu denen der bereits erwähnte Ben-Tanh Markt gehört. Es ist für die meisten Touristen eine Überraschung, dass die Streetfood-Szene auch auf schwimmenden Märkten existiert, wie man sie beispielsweise im Mekong Delta findet. Sie reiht sich in das Angebot der Marktleute ein, bleibt aber unverkennbar individuell.

Wo gibt es das beste Streetfood?

Kommt man nach Saigon, kann es gut sein, dass man mit der Menge der Streetfood-Stände erstmal überfordert sind. In dem Fall sollte man sich auf dem Ben-Tanh Markt umschauen und dort den Einstieg in die Szene starten. Das typische traditionelle Angebot wird man aber doch eher auf den Straßen Saigons finden. Hoteliers und Taxifahrer sind gute Ansprechpersonen, wenn man unsicher ist. Ein guter Tipp ist auch, die Ortsteile mit vielen einheimischen Bewohnern aufzusuchen. Hier finden sich die urtümlichsten Stände, die in der Regel sehr gut besucht sind.

Bei den landesüblichen Speisen sollte man zunächst zu kleinen Portionen greifen und dafür mehrere unterschiedliche Gerichte kosten. So erhält man den besten Überblick über die Vielfältigkeit und kann sich im Folgenden öfter seine Lieblingsspeise ordern.

Übrigens besteht Streetfood nicht nur aus Fleisch und tierischen Produkte. Auch Vegetarier kommen auf ihre Kosten. Selbst bei veganen Speisen kann man fündig werden, sollte sich aber beim Verkäufer noch einmal über die Inhalte vergewissern. Doch Tofu ist ein gängiger Begriff in der vietnamesischen Küche.

Ob sie tierische, pflanzliche oder gemischte Kost geordert haben – die meisten Nutzer sind von den Erlebnissen in der köstlichen Streetfood-Szene Saigons begeistert. Grundsätzlich bieten die Köche dort nämlich nahezu alles, was man in einer guten Küche erwartet. Dazu gehören verschiedene Arten von Fleisch wie Rind, Schwein, Hühnchen und Meeresgetier sowie die Beilagen Nudeln und Reis. Man erhält es gegrillt oder gekocht, in Form von Suppen, Röllchen, auf Spießen oder einfach als Stückgut und in allen erdenklichen Geschmacksrichtungen.

Typische Streetfood-Gerichte

Klassiker, die zur Streetfood-Szene gehören, sind:
- Pho, die Suppe
  Sie ist ein Klassiker und zugleich das Nationalgericht der Vietnamesen. Man kocht sie

mit Nudeln, Hähnchen oder Rind und verfeinert sie mit passenden Kräutern. Die Gewürze tun auch dem europäischen Gaumen gut. Den Inhalt der Suppe fischt man mit Hilfe von Stäbchen aus der Schale, und die Flüssigkeit trinkt man aus. Löffel sind die absolute Ausnahme.

- Goi Cuon – die Frühlingsrollen
Bei diesen Rollen findet man Schrimps oder etwas Schweinefleisch zusammen mit feinen Nudeln, Gemüse und Kräutern, eingewickelt in Reisblätter. Oft werden sie mit einer Erdnusssauce als Dipp serviert – eine gängige Kostbarkeit.

- Banh Xeo
Dieser Pfannkuchen besteht aus Reismehl, Kokosnussmilch und Kurkuma. Gefüllt wird er mit Bohnensprossen, Schrimps und/oder Schweinefleisch und natürlich einer Variation an Kräutern. Dazu reicht man eine Sauce aus Zitronensaft und Chili, verfeinert mit Fischaroma.

- Banh Mi
Die Vietnamesen können auch gute Sandwiches zubereiten. Das beweisen sie mit dem Banh Mi. Das ist ein Baguette, belegt mit unterschiedlichen Sorten Fleisch, Ge-

müse, Pastete und den unverzichtbaren Kräutern.

- Che
Che ist eine köstliche, erfrischende Dessertsuppe aus Bohnen, Früchten und Kokosnussmilch.

Dies sind einige Beispiele aus einer ganzen Palette von Angeboten. Streetfood hält für jeden Hungrigen und für jeden Neugierigen eine Überraschung bereit. Spätestens beim Essen kommt der Appetit.

Restaurants in Saigon

Die zahlreichen Stände der Streetfood-Szene sind zwar ein kulinarisches Erlebnis und sollten auf der To-Do-Liste jedes Besuchers möglichst weit oben stehen, doch für überzeugte Feinschmecker bieten sie höchstens eine Speiseplan-Ergänzung und noch keinen Ersatz für den Besuch eines Restaurants.

Denn das vietnamesische Restaurant hat einen grandiosen Vorteil: Hier erlebt man die volle Bandbreite der Gastlichkeit und Zuvorkommenheit, zusammen mit der gesamten Fülle der Essenskultur Vietnams. Diese Kombination findet man nicht so oft. Das „Land des Lächelns" zeigt eins seiner schönsten Gesichter im Restaurant.

Ein vietnamesisches Restaurant empfängt seine Besucher in einer wohltuenden Atmosphäre. Inmitten von traditionellem Interieur kommen die ästhetisch angerichteten Speisen auf den Tisch. Spätestens jetzt bekommt man Lust, seinen Magen zu füllen. „Das Auge isst mit", heißt ein Sprichwort. Hier scheint es ein Motto zu sein. Dem schönen Anblick folgt ein erstklassiges Genusserlebnis.

Man schmeckt die außergewöhnliche Qualität der Speisen. Sie sind frisch zubereitet und wurden keiner Fertigpackung entnommen. Jeder Bedienstete beantwortet gerne Fragen und berät seine Gäste.

Beim Essen lässt man den Gästen Zeit, man kennt keine Eile und lässt schon gar keine Hektik aufkommen. Die Vielfalt der vietnamesischen Küche bietet den Geschmacksnerven früher oder später neue Erfahrungen. Süß, sauer und salzig schmecken plötzlich anders als in Deutschland. Im Restaurant lässt die reichhaltige Speisekarte keinen Wunsch offen. Beim Streetfood muss man dagegen eher von einem Stand zum anderen wechseln, wenn man Abwechslung möchte.

Das Angebot der Speisen in einem Restaurant ist in der Vielfalt vergleichbar mit einem ganzen Streetfood-Markt. Unterschiedliche Fleischsorten in allen Variationen, leckerer Fisch und Meeresfrüchte finden sich neben frischem Gemüse, duftendem Reis und feinen Nudeln. Die Zutaten sind in den Gerichten wunderbar aufeinander abgestimmt. Hier kommen wieder die Kräuter, die Zauberdinge der Gewürzküche, ins Spiel. Erläuterungen, welche Zutat wie ihre Wohltat entfaltet, werden gern gegeben.

Essen im vietnamesischen Restaurant in Saigon ist ein einzigartiges Erlebnis auf höchstem kulinarischem Niveau!

Wie findet man gute Restaurants in Saigon?

Die meisten Restaurants in Saigon sind empfehlenswert. Es kann keine Rede davon sein, dass es massenhafte Beschwerden geben würde. Trotzdem ist es immer eine subjektive Bewertung, wenn man ein Speiselokal als gut deklariert. Wie kann man sich beim Auffinden guter Restaurants im fernen Osten orientieren?

An erster Stelle ist der Kontakt zu Einheimischen zu nennen, den man als gute Quelle nutzen kann. Sie kennen sich am besten aus und haben viel Erfahrung. Dabei kann es sich um einen Mitarbeiter im Hotel, einen Taxifahrer oder einen Zugbegleiter handeln. Vielleicht hat man auch schon jemanden kennengelernt, der eine Empfehlung aussprechen kann.

Eine weitere Möglichkeit, auf gute Lokale zu stoßen, ist, die eigene Beobachtungsgabe zu nutzen. Man sieht sich um, in welche Lokale viele Menschen streben. Volle Restaurants sind oft ein gutes Indiz dafür, dass die Gäste zufrieden sind mit dem, was sie dort bekommen.

Selbstverständlich bietet sich das Internet an. Will man hier gute Restaurants erkunden, erkennt man allerdings schon bald, wie subjektiv die Beurteilungen sind. Was der eine gut findet, gefällt dem anderen gar nicht. Auch die Bewertungen der 15 besten Restaurants unterscheiden sich teilweise erheblich. Trotzdem kann man sich anhand der Interneteinträge und der restauranteigenen Websites ein Urteil bilden.

Auch in Saigon ist es ratsam, sich den Restaurantbesuch reservieren zu lassen. Viele Geschäfte boomen in der Stadt, und die Gastronomie gehört dazu. Dann steht dem kulinarischen Genuss nichts mehr im Wege.

Vietnamesisch kochen

Essen im Restaurant ist gemütlich und genussvoll. Man kann sich zurücklehnen und die Dinge geschehen lassen. Essen in der Streetfood-Szene ist ein geselliges und hungerstillendes Erlebnis. In beiden Fällen steht dem Gast die Welt der kulinarischen Genüsse offen. Aber dafür muss er aus dem Haus.

Was tun, wenn man dazu einmal gar keine Lust hat? Vielleicht hat der Himmel ja gerade seine Schleusen geöffnet und ein heftiger Monsunregen ergießt sich auf die Straßen. Dann wäre es doch schön, wenn man ein köstliches vietnamesisches Mahl selbst zubereiten könnte. Am besten genießt man das Ergebnis nicht nur im eigenen Familienkreis, sondern lädt dazu gute Freunde ein.

Es ist zu beobachten, dass die Anhängerschaft des Do-it-yourself-Kochens von exotischen Gerichten wächst. Darunter finden sich viele vietnamesische Kochkurse. Aber im Grunde kann jeder, der schon einmal gekocht hat, auch vietnamesische Speisen zubereiten.

Wichtig sind vor allem frische Zutaten. Häufig findet man sie in Asiamärkten. Aber auch gut sortierte Supermärkte haben vieles davon im Angebot, was man an exotischen Kräutern benötigt.

Die Zutaten

Zur Grundausstattung an Zutaten gehören die schmackhaften Jasmin- und Basmatireissorten. Bei den Nudeln sind es die feinen, durchsichtigen Glasnudeln. Dann gibt es noch die Reisfadennudeln, die Spaghetti ähneln, und zudem die flachen Reisbandnudeln, die vor allem in der Suppe Pho verwendet werden.

An Fleischsorten gibt es in der vietnamesischen Küche fast alles, was man sich vorstellen kann. Einiges davon kommt für die deutsche Küche allerdings nicht in Frage. Fürs Selbermachen kann man sich auf Rind-, Schweine- und Hähnchenfleisch konzentrieren. Auch Fisch ist stark vertreten, ebenso wie Meeresfrüchte aller Art, wobei hier ein Schwerpunkt auf der Garnele liegt. Für Vegetarier steht Tofu als Grundausstattung zur Verfügung. Es wird in der Regel frittiert oder gebraten.

Ohne Gemüse ist vietnamesisches Essen fast nicht denkbar. Hier gibt es keinerlei Einschränkungen. Jede Sorte kann gekocht werden. Den Zauber der vietnamesischen Küche machen die Kräuter aus.

Einige davon sind nicht ganz so einfach zu bekommen, am ehesten hat man in Asia Läden Erfolg.
Neben den bereits beschriebenen Kräutern gehören Dill und als Gewürzpflanze Ingwer zur Basis für
den Genuss auf Vietnamesisch.

So ausgestattet, kann das Kochen beginnen. Die
Suppe Pho gibt es in unterschiedlichen Variationen.
Sie ist tatsächlich so etwas wie ein Nationalgericht
und ein fester Bestandteil der vietnamesischen
Küche. Auch wenn es in den einzelnen Regionen
Unterschiede im kulinarischen Angebot gibt – Pho
ist immer dabei.

Rezepte aus der vietnamesischen Küche

Vegetarisches Pho für 2 Personen

Zutaten:

- 4 Tassen Gemüsebrühe
- 1 Zwiebel, in dünne Scheiben geschnitten
- 2 Knoblauchzehen, gehackt
- 1 Zimtstange
- 2 Sternanis
- 2 Gewürznelken
- 2 Teelöffel Sojasauce
- 200 g Reisnudeln
- 150 g Tofu, gewürfelt
- 1 Handvoll Sojasprossen
- 1 Limette, in Scheiben geschnitten
- Frische Kräuter (Koriander, Basilikum, Minze), gehackt
- Frühlingszwiebeln, in Ringe geschnitten
- Sriracha-Sauce (optional)

Zubereitung:

1. Die Gemüsebrühe in einem Topf zum Kochen bringen. Die Zwiebel, Knoblauch, Zimtstange, Sternanis, Nelken und Sojasauce hinzufügen. Die Hitze reduzieren und die Brühe für ca. 20 Minuten simmern lassen, damit sich die Aromen verbinden können. Die Gewürze dann aus der Brühe entfernen.

2. In der Zwischenzeit die Reisnudeln nach Packungsanleitung kochen, abtropfen lassen und beiseitestellen.

3. Den gewürfelten Tofu in einer Pfanne mit etwas Öl anbraten, bis er goldbraun und knusprig ist.

4. Die vorbereiteten Reisnudeln in Schüsseln aufteilen. Die heiße Gemüsebrühe darüber gießen, sodass die Nudeln bedeckt sind.

5. Die gebratenen Tofu Würfel, Sojasprossen, Limettenscheiben und gehackten Kräuter auf die Nudeln geben. Mit Frühlingszwiebeln und einer Prise Salz und Pfeffer garnieren.

6. Nach Belieben Sriracha-Sauce hinzufügen, wenn etwas Schärfe gewünscht ist.

7. Die Pho heiß servieren und genießen

Pho Bo – Rindfleischsuppe für 2 Personen

Zutaten:

- 300 g Rindfleisch (z. B. Rinderfilet oder Rindergulasch)
- 1 Zwiebel
- 2 Knoblauchzehen
- 1 Stück Ingwer (ca. 5 cm)
- 1 Zimtstange
- 2 Sternanis
- 2 Nelken
- 1 l Rinderbrühe
- 200 g Reisnudeln
- 2 Frühlingszwiebeln
- 1 Handvoll frische Korianderblätter
- 1 Limette
- Sojasauce nach Geschmack
- Scharfe Chilisauce oder frische Chilis (optional)

Zubereitung:

1. Das Rindfleisch in dünne Scheiben schneiden. Die Zwiebel, Knoblauchzehen und Ingwer schälen und grob hacken.

2. In einem Topf etwas Öl erhitzen und die Zwiebel, Knoblauchzehen und Ingwer darin anbraten, bis sie duften. Dann das Fleisch hinzufügen und kurz mit anbraten.

3. Die Gewürze (Zimtstange, Sternanis und Nelken) in den Topf geben und alles mit Rinderbrühe aufgießen. Die Suppe zum Kochen bringen und dann die Hitze reduzieren. Die Suppe abgedeckt für ca. 1 Stunde köcheln lassen, damit sich die Aromen gut entfalten können.

4. In der Zwischenzeit die Reisnudeln nach Packungsanweisung kochen und abtropfen lassen.

5. Die Frühlingszwiebeln in dünne Ringe schneiden und den Koriander grob hacken.

6. Die Gewürze aus der Suppe entfernen und die Suppe mit Sojasauce nach Geschmack würzen.

7. Die gekochten Reisnudeln auf zwei Suppenschalen aufteilen und die heiße Rindfleischsuppe mit allen Inhalten darüber gießen.

8. Die Pho mit Frühlingszwiebeln, Koriander-

blättern und Limettenscheiben garnieren. Wer es gerne scharf mag, kann noch etwas Chilisauce oder frische Chilis hinzufügen.

9. Die Pho Bo heiß servieren und genießen.

Rindfleisch mit Frühlingszwiebeln und vietnamesischem Koriander für 4 Personen

Zutaten:

- 500g Rindfleisch (z. B. Rinderfilet oder Rumpsteak) in dünnen Scheiben
- 4 Frühlingszwiebeln, in schräge Stücke geschnitten
- Eine Handvoll vietnamesische Korianderblätter, grob gehackt
- 3 Knoblauchzehen, fein gehackt
- 2 Esslöffel Sojasauce
- 2 Esslöffel Fischsauce
- 1 Teelöffel brauner Zucker
- 1 Teelöffel Sesamöl
- 2 Esslöffel Pflanzenöl zum Braten
- Salz und Pfeffer nach Geschmack

Zubereitung:

1. In einer Schüssel die Sojasauce, Fischsauce, braunen Zucker, Sesamöl und Knoblauch vermischen. Die Rindfleischscheiben hinzufügen und gut marinieren lassen, idealerweise für 20 bis 30 Minuten im Kühlschrank.

2. Eine große Pfanne oder einen Wok erhitzen und das Pflanzenöl hinzufügen. Das marinierte Rindfleisch hineingeben und bei hoher Hitze anbraten, bis es leicht gebräunt ist. Gegebenenfalls in zwei Portionen braten, damit das Fleisch gleichmäßig gebraten wird.

3. Die Frühlingszwiebeln hinzufügen und für weitere 2 bis 3 Minuten mitbraten, bis sie weich sind, aber immer noch etwas Biss haben.

4. Den gehackten vietnamesischen Koriander und etwas Salz und Pfeffer hinzufügen. Gut umrühren und für weitere 1 bis 2 Minuten kochen, bis das Fleisch die gewünschte Garstufe erreicht hat.

5. Das Rindfleisch mit Frühlingszwiebeln und vietnamesischem Koriander auf einer Servierplatte anrichten und mit Reis oder Nudeln servieren.

Gefüllte Reispapierröllchen für 4 Personen

Zutaten:

- 12 Reispapierblätter
- 200 g gekochter Reis
- 200 g gekochtes Hühnerfleisch (oder Tofu für eine vegetarische Variante)
- 1 Karotte, in feine Streifen geschnitten
- 1 Gurke, in feine Streifen geschnitten
- 1 rote Paprika, in feine Streifen geschnitten
- 1 Handvoll frische Minzeblätter
- 1 Handvoll frische Korianderblätter
- 1 Handvoll frische Basilikumblätter
- Sojasauce zum Dippen

Anleitung:

1. Alle Zutaten vorbereiten: Reis kochen, Hühnerfleisch bzw. Tofu garen und in feine Streifen schneiden, Karotte, Gurke und Paprika ebenfalls in feine Streifen schneien.

2. Die Reispapierblätter einzeln einweichen,
    indem man sie für 10 bis 15 Sekunden in
    eine Schüssel mit warmem Wasser legt. Sie
    sollen sich vollständig mit Wasser vollsau-
    gen. Dann legt man sie vorsichtig auf ein
    sauberes Geschirrtuch, um überschüssiges
    Wasser abtropfen zu lassen.

3. Dann füllt man die Reispapierröllchen. Man
    legt einige Minze Blätter, Korianderblätter
    und Basilikumblätter auf je ein Reispapier-
    blatt. Dazu gibt man eine kleine Menge
    Reis, Hühnerfleisch oder Tofu sowie einige
    Streifen Karotte, Gurke und Paprika.

4. Das untere Ende des Reispapierblattes fal-
    tet man über die Füllung und rollt es vor-
    sichtig zu einer straffen Rolle auf. Dann
    klappt man die Seiten des Reispapiers nach
    innen und rollt es weiter auf, bis es kom-
    plett verschlossen ist.

5. Man serviert die gefüllten Reispapierröll-
    chen mit Sojasauce zum Dippen.

Gefüllte Reispapierröllchen sind eine leckere Vorspeise, können aber auch als Hauptgericht genos-
sen werden. Außerdem kann man sie nach Belieben mit Zutaten wie Avocado, Frühlingszwiebeln
oder verschiedenen Saucen variieren.

Huhn mit Frühlingszwiebeln und Cashewnüssen
für 4 Personen

Zutaten:

- 500 g Hühnerbrust, in Streifen geschnitten
- 2 Esslöffel Sojasauce
- 2 Esslöffel Reiswein (optional)
- 2 Esslöffel Maismehl
- 2 Esslöffel Pflanzenöl
- 3 Knoblauchzehen, gehackt
- 1 Bund Frühlingszwiebeln, in Ringe geschnitten
- 1 rote Paprika, entkernt und in Streifen geschnitten
- 100 g Cashewnüsse
- 1 Teelöffel Sesamöl
- Salz und weißer Pfeffer nach Geschmack

Anleitung:

1. Die Hühnerbruststreifen in einer Schüssel mit Sojasauce und Reiswein marinieren. Für ca. 20 Minuten ziehen lassen.
2. Das Maismehl auf einen Teller geben und die marinierten Hühnerstreifen darin wenden, um sie zu panieren.
3. Eine Pfanne oder einen Wok bei mittlerer Hitze erhitzen und das Pflanzenöl hinzufügen. Die panierten Hühnerstreifen goldbraun anbraten, herausnehmen und beiseitestellen.
4. In derselben Pfanne den Knoblauch, die Frühlingszwiebeln und die rote Paprika anbraten, bis sie leicht weich sind.
5. Die Cashewnüsse hinzufügen und für weitere 2 bis 3 Minuten braten, bis sie leicht gebräunt sind.
6. Die angebratenen Hühnerstreifen zurück in die Pfanne geben und alles gut vermengen.
7. Mit Sesamöl, Salz und weißem Pfeffer abschmecken und noch einmal kurz erhitzen, bis alles gut durchgekocht ist.
8. Das Huhn mit Frühlingszwiebeln und Cashewnüssen auf einer Servierplatte anrichten und sofort servieren. Dazu passen Reis oder Nudeln sehr gut.

Tofu Banh Mi Bowl für 4 Personen

Zutaten:

- 400 g extra fester Tofu
- 4 kleine Baguettes
- 2 Karotten, julienne geschnitten
- 1 Salatgurke, in dünne Scheiben geschnitten
- 1 rote Zwiebel, in dünne Ringe geschnitten
- 4 Frühlingszwiebeln, in dünne Streifen geschn.
- 1 Handvoll frischer Koriander, grob gehackt
- 4 EL Sojasauce
- 2 EL Sesamöl
- 2 EL Reisessig
- 2 EL Ahornsirup oder Honig
- 2 Knoblauchzehen, fein gehackt
- 1 TL Ingwer, fein gehackt
- Saft einer Limette
- Salz und Pfeffer nach Geschmack
- Sriracha- oder Chilisauce (optional für zusätzliche Schärfe)

Zubereitung:

1. Den Tofu in dünne Scheiben schneiden und in einem Küchentuch trocken tupfen, um überschüssige Feuchtigkeit zu entfernen. Anschließend in einer Schüssel mit 2 EL Sojasauce, 1 EL Sesamöl, Knoblauch und Ingwer marinieren. Mindestens 30 Minuten lang im Kühlschrank ziehen lassen.
2. Währenddessen das Gemüse vorbereiten. Die Karotten, Gurken, rote Zwiebel, Frühlingszwiebeln und Koriander vorbereiten und beiseitestellen.
3. Den Tofu in einer Pfanne mit etwas Öl von beiden Seiten goldbraun anbraten.
4. In einer kleinen Schüssel 2 EL Sojasauce, 1 EL Sesamöl, Reisessig und Ahornsirup/Honig vermischen. Mit Limettensaft, Salz und Pfeffer abschmecken. Optional Sriracha- oder Chilisauce hinzufügen, um zusätzliche Schärfe zu erzielen.
5. Die Baguettes in der Mitte aufschneiden und leicht toasten. Dann mit der Sojasauce-Mischung beträufeln.
6. Die Tofu Scheiben auf den Baguettes anrichten und mit dem vorbereiteten Gemüse und Koriander garnieren.

Resümee

Die Besucher Vietnams sind in aller Regel positiv überrascht und überzeugt von der Kulinarik. Die Vielfalt an Variationen, die Intensität des Geschmacks, die Frische der Zutaten und das Zusammenspiel von all dem macht die vietnamesische Küche zu einem außergewöhnlichen Erlebnis. Zudem wird Gastfreundschaft regelrecht zelebriert – der Gast spürt die Liebe bei der Zubereitung und erst recht beim Kredenzen der Mahlzeiten. Essen ist in Vietnam so viel mehr als nur Stillen des Hungers, es ist geradezu eine Lebensphilosophie. Essen kann sogar Medizin sein, denn viele der Kräuter wirken auch als Heilpflanzen. Zudem hat es den Stellenwert eines sozialen Events. Hier zeigt sich deutlich, wie sehr die Vietnamesen das menschliche Miteinander schätzen.

Wer sich in Deutschland auf die originale vietnamesische Küche vorbereiten will, sollte sich nicht mit einer abgeschwächten Version zufriedengeben. Viele Restaurants bieten Speisen in unterschiedlich gewürzten Variationen an. Meistens entsprechen die schärfsten dem, was einen vietnamesischen Gaumen erfreut. Alternativ kann man ja immer noch in der eigenen Küche etwas aus dem exotischen Repertoire zaubern.

VIETNAM

Kapitel 10

Saigon – Liebeserklärung an eine atemberaubende Stadt

Eine Liebeserklärung an eine Stadt – ist das nicht ein bisschen skurril? Nicht, wenn man Saigon einmal kennengelernt hat. Diese Millionenstadt öffnet dem Besucher mit ihrer Einzigartigkeit das Herz. Was seine Einmaligkeit ausmacht, ist der Mix, der sich in allen Bereichen findet. Auch andere Metropolen sind beispielsweise ein Schmelztiegel unterschiedlicher Kulturen, doch Saigon hat das besondere Flair. Mit einigen Tipps, worauf man achten soll, findet man sich auch von Anfang an zurecht.

Saigon hat sich, trotz der vielen Wolkenkratzer und des wirtschaftlichen Ausschwungs, sehr viel von seiner Ursprünglichkeit bewahrt. Dass eine Stadt so bei ihren Wurzeln bleibt, ist für westlich orientierte Besucher oft eine neue Erfahrung. Viele kulturelle Komponenten haben ebenfalls einen wesentlichen Anteil am Charme der Metropole. Die buddhistische Philosophie mit ihrer menschenfreundlichen Grundhaltung spielt auch eine große Rolle. Sie ist im ganzen Land spürbar.

Nicht zuletzt diese Philosophie trägt dazu bei, dass der Besucher sich von Anfang an wohlfühlt. Die Bewohner machen stets den Eindruck, zufrieden zu sein und das Beste für ihre Mitmenschen zu wollen. Das Lächeln, das einem überall begegnet, ist unübersehbar und zeigt früher oder später Wirkung. Denn es sagt ohne Worte: „Herzlich willkommen hier bei uns in Saigon. Schön, dass du da bist."

Die Besucher des Landes spüren die Herzlichkeit der Vietnamesen schon in der Willkommenskultur, sei es beim Betreten des Supermarkts oder des Restaurants. Man wird nicht einfach übergangen, die Beschäftigten registrieren vielmehr jeden Neuankömmling und zeigen das auch, und sei es nur mit einem freundlichen Blick. Menschen werden ganz selbstverständlich respektiert, schon deshalb fühlt man sich so wohl. Das spürt man überall, sei es beim Gang durch die Straßen oder beim Schlendern an den Promenaden des Flusses Saigon. Einen besonderen Zauber entfalten noch einmal die Abendstunden, wenn das Treiben des Tages nachgelassen hat und Lichter die Straßen und Plätze erhellen. Wer diese Atmosphäre erlebt hat, ist begeistert. Sie gehört zu den Eindrücken, die der Besucher im Herzen mit nach Hause nimmt.

Ebenfalls im Gedächtnis bleibt der wuselige Straßenverkehr, der mit so viel Gelassenheit, Rücksichtnahme und Flexibilität bewältigt wird. Was ein deutsches Gemüt aggressiv machen könnte, wird in Saigon mit einem Lächeln bewältigt. Schon dadurch wandelt sich Hektik in kreative Dynamik. Am Ende eines Tages in den Lebensadern von Saigon ist es angebracht, alles noch einmal in Ruhe Revue passieren zu lassen und die vielen Eindrücke zu ordnen. Wahrscheinlich fand man allein beim Fotografieren kein Ende.

Wem es gelingt, einen Lebenspartner in Saigon zu finden, der hat das Glück seines Lebens gemacht. Das ist die schönste deutsch-vietnamesische Zusammenarbeit, die man sich vorstellen kann!